ㅋ	ㅌ	ㅍ	ㅎ	ㄲ	ㄸ	ㅃ	ㅆ	ㅉ	合 成 母音字
카 カ	타 タ	파 パ	하 ハ	까 ッカ	따 ッタ	빠 ッパ	싸 ッサ	짜 ッチャ	애 エ
캬 キャ	탸 ティヤ	퍄 ピャ	햐 ヒャ	꺄 ッキャ	땨 ッティヤ	뺘 ッピャ	쌰 ッシャ	쨔 ッチャ	얘 イェ
커 コ	터 ト	퍼 ポ	허 ホ	꺼 ッコ	떠 ット	뻐 ッポ	써 ッソ	쩌 ッチョ	에 エ
켜 キョ	텨 ティョ	펴 ピョ	혀 ヒョ	껴 ッキョ	뗘 ッティョ	뼈 ッピョ	쎠 ッショ	쪄 ッチョ	예 イェ
코 コ	토 ト	포 ポ	호 ホ	꼬 ッコ	또 ット	뽀 ッポ	쏘 ッソ	쪼 ッチョ	와 ワ
쿄 キョ	툐 ティョ	표 ピョ	효 ヒョ	꾜 ッキョ	뚀 ッティョ	뾰 ッピョ	쑈 ッショ	쬬 ッチョ	왜 ウェ
쿠 ク	투 トゥ	푸 プ	후 フ	꾸 ック	뚜 ットゥ	뿌 ップ	쑤 ッス	쭈 ッチュ	외 ウェ
큐 キュ	튜 テュ	퓨 ピュ	휴 ヒュ	뀨 ッキュ	뜌 ッテュ	쀼 ッピュ	쓔 ッシュ	쮸 ッチュ	워 ウォ
크 ク	트 トゥ	프 プ	흐 フ	끄 ック	뜨 ットゥ	쁘 ップ	쓰 ッス	쯔 ッチュ	웨 ウェ
키 キ	티 ティ	피 ピ	히 ヒ	끼 ッキ	띠 ッティ	삐 ッピ	씨 ッシ	찌 ッチ	위 ウィ
									의 ウィ

間違いだっておもしろい!
わらってわらって韓国語

金珉秀

prologue…시작하는 말

　**その間違い、その勘違い、今日から全部使えます！**

　実際の教育現場や日常生活でよく起こる発音・文法・表現の間違いや勘違い。

　以前から、その間違い、捨てるのもったいない！と思ってました。
　その勘違い、おもしろい！と思ってました。
　そして、それをみなさんの韓国語の勉強につなげられたら。

　さあ、間違いや勘違いを恥ずかしがらずに楽しく韓国語を学んでいきましょう。間違いや勘違いの中にだって、きっと新しい発見があるはずです。

 この本の見方

　よく起こる間違いや勘違いをイラストで分かりやすく説明しました。またどこから読んでも大丈夫です。
　イラストの最初のカットには全体の場面が描かれています。次のカットでは、OK場面の正しい表現とNG場面の間違った表現を一目で比較できるようになっていて、同時に二つの表現が身につけられます。NG場面の間違った表現も別の場面では使えるので一石二鳥です。
　また、Exercise、関連用語、コラムの内容はCDにも収録されています。特に、コラムは全文日韓対訳になっているので、初級の方から上級の方まで内容を確認しながら、スラスラと読めるようになっています。

 わらいながら韓国語力を

　日本語と韓国語は、語彙も発音も文法もよく似ているので、ほかの外国語に比べ、学びやすいのです。同時に、似ているからこそ、間違いや勘違いもよく起こります。
　この本を読みながら、みなさんもきっと同じ間違いや勘違いをしたことに気づくかもしれません。
　それでは、この本を読みながら、いっぱいいっぱい笑ってください。
　それから、何度も何度も読み直して、また笑ってください。
　そしたら、読んだ分だけ韓国語が身につくでしょう。
　きっと、笑った分だけ韓国語が身につくでしょう。

2007年9月　김민수

Contents

002			はじめに
011			一緒に勉強する友達の紹介
013	**第1章**	**あいさつ**	
014	Episode1	ご飯食べました？	
016	Episode2	いただきます	
018	Episode3	おいくつですか？	
020	おまけ	言葉づかい	
022	Episode4	さようなら	
024	関連用語	あいさつ いろいろ	
026	コラム	日本語なの？ 韓国語なの？	
029	**第2章**	**自宅で**	
030	Episode1	手はどこで洗いますか？	
032	おまけ	発音ルール	
034	Episode2	電気をつけましょうか？	
036	Episode3	ペンキが手に付いています	
038	Episode4	復習しています	
040	Episode5	月一回、髪を切ります	
042	関連用語	家の中 いろいろ	
044	コラム	逆さまから見る韓国語①	

047	**第3章**	**天気**
048	Episode1	雨が好きです
050	Episode2	寒かったです
052	Episode3	厚い服を着てください
054	Episode4	雪合戦しましょう
056	関連用語	天気 いろいろ
058	コラム	早口言葉

061	**第4章**	**友達の家で**
062	Episode1	誰のファンですか？
064	Episode2	彼氏がカッコいいです
066	Episode3	スタイルがいいですね
068	Episode4	古い家ですね
070	関連用語	性格 いろいろ
072	コラム	逆さまから見る韓国語②

Contents

075	**第5章**	**旅行**
076	Episode1	体を焼きました
078	Episode2	ハワイに行くのに8時間くらいかかりました
080	Episode3	行けません
082	Episode4	どこに泊まりましょうか？
084	関連用語	色 いろいろ
086	コラム	空耳
089	**第6章**	**韓国語の授業で①**
090	Episode1	香水の香りがします
092	Episode2	洗濯しました
094	Episode3	女だからよく喧嘩します
096	Episode4	緊張して眠れませんでした
098	Episode5	バレンタインデーにはチョコと一緒に宝石をあげます
100	関連用語	家族 いろいろ
102	コラム	オッパ（お兄ちゃん）って呼んでごらん

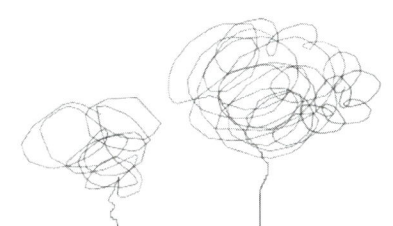

105	**第7章**	**買い物**
106	Episode1	何が違いますか？
108	Episode2	このパンツ、試着してみてもいいですか？
110	おまけ	お出かけ
112	Episode3	ちょっとまけてください
114	Episode4	りんごが傷んでいます
116	Episode5	コーラください
118	関連用語	飲み物　いろいろ
120	コラム	辞書に載っていない表現①

123	**第8章**	**友達とおしゃべり**
124	Episode1	顔が広いです
126	Episode2	Ａさんみたいな女になりたいです
128	Episode3	親しい仲です
130	Episode4	彼女ができました
132	Episode5	幼い子供のお小遣い
134	関連用語	数字　いろいろ
136	コラム	数字で学ぶ韓国語

Contents

139	第9章	乗り物
140	Episode1	駅はどこですか？
142	おまけ	韓国語の「てにをは」
144	Episode2	大丈夫です
146	Episode3	気分が悪いです
148	Episode4	お金を拾いました
150	Episode5	車を運転します
152	関連用語	乗り物 いろいろ
154	コラム	いろいろな書体
157	第10章	趣味
158	Episode1	水泳です
160	Episode2	私の趣味はかわいい瓶集めです
162	Episode3	体が軽いです
164	Episode4	指切りしよう
166	Episode5	最近、太ったんですよ
168	関連用語	趣味 いろいろ
170	コラム	韓国事情

173	第11章	韓国語の授業で②
174	Episode1	韓国では、新札でお年玉をあげる習慣があります
176	Episode2	先生が学生達を連れて行きます
178	Episode3	お手洗いがきれいです
180	Episode4	私は立派な医者になりたいです
182	Episode5	引越しのお祝いパーティーをしました
184	関連用語	職業 いろいろ
186	コラム	同じ漢字で違う意味？

189	第12章	食事
190	Episode1	すみません
192	Episode2	イワシを食べました
194	おまけ	からだ
196	Episode3	パンにバターを塗って食べます
198	Episode4	鳥皮が好きです
200	Episode5	ビビンバ、よく混ぜました？
202	関連用語	食べ物・味 いろいろ
204	コラム	辞書に載っていない表現②

Contents

207	第13章	動物
208	Episode1	飼い犬に手をかまれる
210	Episode2	猫かぶらないでください
212	Episode3	壁に耳あり、障子に目あり
214	Episode4	虎穴に入らずんば虎児を得ず
216	関連用語	動物 いろいろ
218	コラム	韓国人がよく間違う日本語
221	第14章	誕生日
222	Episode1	ケーキの中に指輪が隠されていました
224	Episode2	最初は女の子を産んで、二人目は男の子を産みました
226	Episode3	うちの妹の誕生日です
228	Episode4	ケーキに目がないです
230	関連用語	月 いろいろ
232	コラム	連想なぞなぞ

第1章
あいさつ

あいさつをちょこっと間違っただけなのに、
友達に誤解されてしまったともこちゃん。
こんなともこちゃんなんですが、
みんなと仲良くなれるかなぁ。
まずは、
コミュニケーションの基本であるあいさつから始めよう！

EPISODE 1

밥 먹었어요?
ご飯食べました？

밥 먹었어요?

OK	NG

第1章　あいさつ

CD-2

EXERCISE

<u>パプ</u>　<u>モゴッソヨ</u>
밥 먹었어요?　　ご飯食べました？

<u>アチム</u>　<u>パプ</u>　<u>モゴッソヨ</u>
아침 (밥) 먹었어요?　朝(ご飯)食べました？

<u>チョムシム</u>　<u>パプ</u>　<u>モゴッソヨ</u>
점심 (밥) 먹었어요?　昼(ご飯)食べました？

<u>チョニョク</u>　<u>パプ</u>　<u>モゴッソヨ</u>
저녁 (밥) 먹었어요?　晩(ご飯)食べました？

<u>シクサ</u>　<u>ハショッソヨ</u>
식사 하셨어요?　　　　食事されました？

MEMO

　韓国では、友人に会った時や電話で話す時に、まず「밥 먹었어요?」と聞きます。時には、まったくご飯時ではないのに聞かれることもありますが、これは相手の健康を気遣う言葉で、単なる挨拶です。だから、そういう時は、「먹었어요（食べたよ）」とか「아직（まだ）」とか適当に答えておけばよいのです。でも、本当にご飯に誘われている場合もあるので、その真意は相手に直接聞いてください。
　ちなみに、ペ・ヨンジュン氏が日本から来たファンにかけた第一声も「みなさん朝ごはん食べましたか？」でした。

EPISODE 2 잘 먹겠습니다
いただきます

겠 VS 었

ユナちゃんの家で

OK
잘 먹겠습니다

NG
잘 먹었습니다

第1章　あいさつ

CD-3

EXERCISE

チャル モクケッスムニダ
잘 먹겠습니다 　いただきます

マニ　トゥセヨ
많이 드세요 　たくさん召し上がってください

ト　トゥセヨ
더 드세요 　もっと召し上がってください

チャル モゴッスムニダ
잘 먹었습니다 　ご馳走さまでした

マニ　モゴッソヨ
많이 먹었어요 　たくさん食べました

ペブルロヨ
배불러요 　お腹いっぱいです

MEMO

　「잘 먹겠습니다」は、一人で食べる時はあまり使わず、招待された時やご馳走になる時に使います。なので、友達と外食する時に言うと、「あなたがおごってね」という意味合いになります。また、「잘 먹었습니다」もご馳走してくれた人に対して使う言葉なので、食事の後に使うと、「あなたのおごりだよ」といったニュアンスになります。
　ちなみに、韓国では、のろけ話を聞いた時には「잘 먹었습니다（ご馳走さまでした）」とは言いません。

EPISODE 3
나이가 어떻게 되세요?
おいくつですか？

나이 VS 연세

OK
나이가 어떻게 되세요?

NG
연세가 어떻게 되세요?

第 1 章　あいさつ

CD-4

EXERCISE

_{ナイガ}　　_{オットケ}　　_{トェセヨ}
나이가 어떻게 되세요?
　　　　　　　　　　　　おいくつですか？

_{ミョッ サリセヨ}
몇 살이세요?　　　　　　　おいくつですか？

_{ミョッ サリエヨ}
몇 살이에요?　　　　　　　何歳ですか？

_{ヨンセガ}　　_{オットケ}　　_{トェセヨ}
연세가 어떻게 되세요?
（お年寄りに）おいくつでいらっしゃいますか？

_{ソンハミ}　_{オットケ}　_{トェセヨ}
성함이 어떻게 되세요?　　　　お名前は？

_{イメイリ}　_{オットケ}　_{トェセヨ}
이메일이 어떻게 되세요?　　　メールアドレスは？

MEMO

　「연세」は、「나이」の尊敬語ですが、目上の人やお年寄りに使う言葉なので、「연세」を若い人に使うとかえって失礼になります。この「연세」は「춘추」とも言います。
　目上の人に対して使う尊敬語には、この他にも、「밥（ご飯）⇒진지」、「생일（誕生日）⇒생신」などがあります。

おまけ

言葉づかい

　日本語の「です・ます」に当たる表現は、韓国語では、「〜합니다」「〜해요」です。「해요体」も丁寧語ですが、「합니다体」より打ち解けた言い方です。また、ため口のようなくだけた言い方は、「해体（반말）」と言います。「반」は半で、「말」は「言葉」なので、「반말」は「半分の言葉」という意味です。

```
합니다体  ⇒  かしこまった表現
해요体    ⇒  やわらかい表現
해体（반말） ⇒  くだけた表現
```

　たとえば、「사랑합니다（かしこまった表現の「愛してます」）」、「사랑해요（やわらかい表現の「愛してます」）、「사랑해（愛してる）」といった感じです。

第 1 章　あいさつ

　ところで、日本では、学生が先生に敢えて親しみのためにため口をきいたり、病院の看護士さんが患者さんにため口をきいたり、受付の人や新聞などの勧誘の人がお客さんにため口をきいたりする場合がありますが、こういうことは韓国では絶対ありえません。もちろん、相手が子供の場合にはため口を使いますが、年上・目上の人や初対面の人に対しては、絶対的に丁寧語を使います。ただ、日本と同様に、家族や親しい間柄では例外的に「반말」も使います。

　そこで、自分より年上や目上の人が、自分に対して「요」体を使う時は、「말 놓으세요, 반말로 하세요（丁寧な言葉を使わないでください）」と言います。また、同年代で親しくなった人には「우리 말 놓자（ため語で話そうよ）」と言います。
（ルビ：말＝マル、놓으세요＝ノウセヨ、반말로＝バンマルロ、하세요＝ハセヨ、우리＝ウリ、말＝マル、놓자＝ノッチャ）

EPISODE 4 안녕히 계세요
さようなら

계 VS 가

ユナちゃんの家で

OK

안녕히 계세요

NG

안녕히 가세요

EXERCISE

<ruby>안녕히<rt>アンニョンイ</rt></ruby> <ruby>계세요<rt>ケセヨ</rt></ruby>　　（その場に残る人に）さようなら
<ruby>먼저 실례하겠습니다<rt>モンジョ シルレハゲッスムニダ</rt></ruby>　お先に失礼致します
<ruby>잘 놀다 갑니다<rt>チャル ノルダ カムニダ</rt></ruby>（よく遊んで帰ります）楽しかったです

<ruby>안녕히<rt>アンニョンイ</rt></ruby> <ruby>가세요<rt>カセヨ</rt></ruby>　　（その場を立ち去る人に）さようなら
<ruby>조심해서 가세요<rt>チョシムヘソ カセヨ</rt></ruby>　お気をつけてお帰りください
<ruby>또 놀러 오세요<rt>ット ノルロ オセヨ</rt></ruby>　また遊びに来てください

MEMO

　友だち同士の場合は、「안녕」だけで十分です。これは、イントネーションを変えるだけで、「こんにちは、お元気？（안녕？）」にも、「さようなら（안녕~）」にもなります。

　また、帰り道や別れる時には「잘 가~（無事に帰ってね⇒じゃあね）」、寝る時には「잘 자~（よく寝てね⇒おやすみ）」を使います。

　さらに、友達や恋人同士は、夜中に電話を切る時に、「좋은 꿈 꿔~（よい夢見てね）」、「내 꿈 꿔~（私の夢見てね）」、「꿈에서 만나~（夢で会おうね）」とも言います。

関連用語

あいさつ いろいろ

アンニョンハセヨ
안녕하세요 （こんにちは）

チョウム ポェプケッスムニダ
처음 뵙겠습니다
　　　　（はじめまして）

マンナソ　パンガウォヨ
만나서 반가워요
　　（お会いできてうれしいです）

チャル　プタカムニダ
잘　부탁합니다
　　　　（宜しくお願いします）

オレガンマニエヨ
오래간만이에요
　　　　（お久しぶりです）

チャル　チネッソヨ
잘　지냈어요?
　　　　（お元気でしたか）

第1章 あいさつ

CD-6

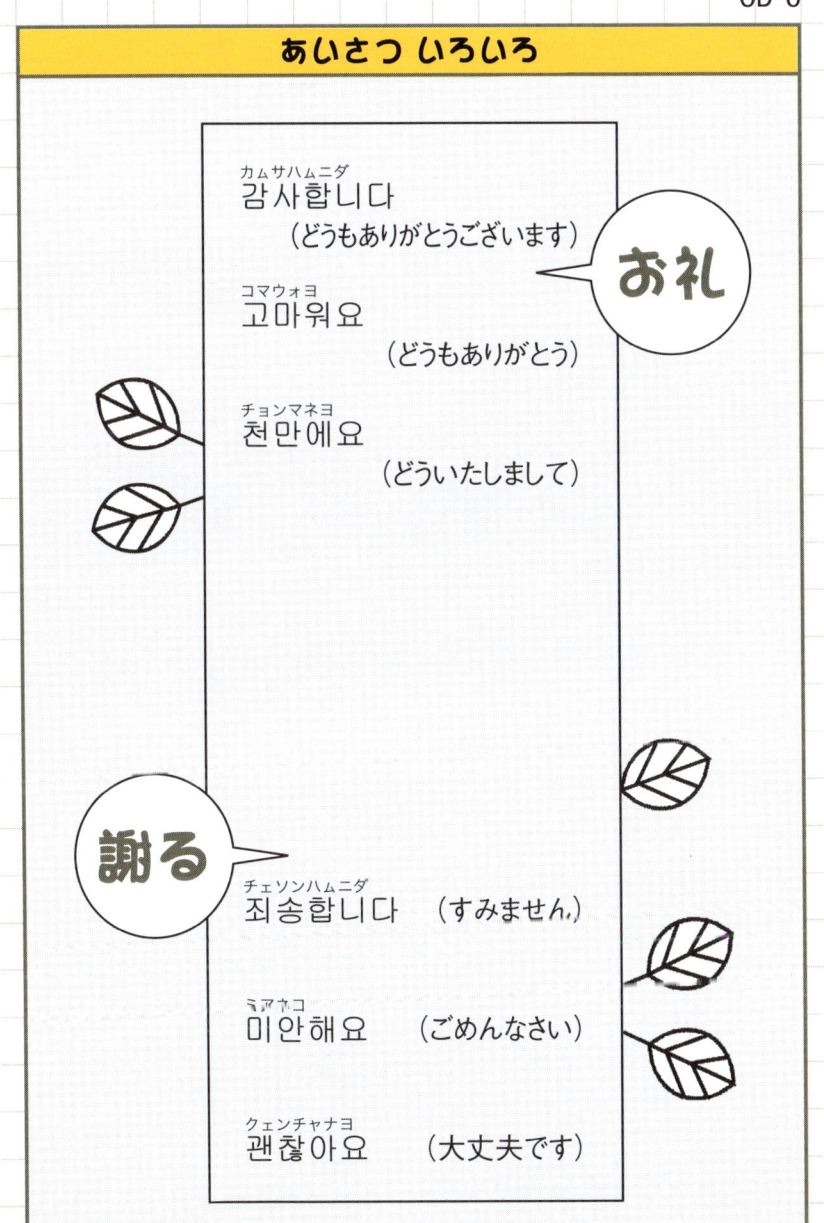

あいさつ いろいろ

カムサハムニダ
감사합니다
　　　（どうもありがとうございます）

コマウォヨ
고마워요
　　　（どうもありがとう）

チョンマネヨ
천만에요
　　　（どういたしまして）

お礼

チェソンハムニダ
죄송합니다　　（すみません）

ミアネヨ
미안해요　　（ごめんなさい）

クェンチャナヨ
괜찮아요　　（大丈夫です）

謝る

COLUMN

日本語なの？　韓国語なの？

　「キムチ、カルビ、オンドル」という言葉は、すでにすっかり日本語の中に定着している韓国語ですよね。
　ところが、日本語には「チョンガ（独身男性）」、「パッチ（ももひき）」のように、韓国語から来たと言われているものもあります。

　実は、このような言葉は他にもまだまだたくさんあるんです。そして、発音だけでなく、意味までも似ているのです。
　こんなに日本語に似ている韓国語なら、すぐに覚えられそうじゃないですか。

1. 奈良 …………………………………… 나라（国）〔ナラ〕
2. トボトボ ……………………………… 터벅터벅（トボトボ）〔トボクトボク〕
3. バタバタ ……………………………… 파닥파닥（バタバタ）〔パダクパダク〕
4. ワッショイ …………………………… 왔어요（来ました）〔ワッソヨ〕
5. ウルウル ……………………………… 울다（泣く）〔ウルダ〕

일본어일까 한국어일까?

　「김치, 갈비, 온돌」이라는 말들은 이제 완전히 일본어 속에 정착되어 있는 한국어지요?
　그런데 일본어에는 「チョンガ (총각)」, 「パッチ (바지)」처럼 한국어에서 유래했다고 하는 말들도 있어요.

　이러한 말들은 「총각」, 「바지」외에도 많이 있어요. 그리고 발음뿐만 아니라 의미까지도 비슷하답니다.
　이렇게 일본어하고 비슷한 한국어라면 금방 외울 수 있을 것 같지 않나요?

6. もぐもぐ……………………… 먹디 (モクタ) (食べる)
7. たっぷり……………………… 담뿍 (タムップク) (たっぷり)
8. そろそろ……………………… 슬슬 (スルスル) (そろそろ)
9. ペコペコ……………………… 배고파 (ペゴパ) (お腹が減った)
10. 赤ちゃん……………………… 아가 (アガ) (赤ちゃん)

第2章
自宅で

ともこちゃんは家の中のものの名前を言うのが得意です。
実は、
家の中のいろいろなものに
韓国語で書いた紙を貼ってるんです。

EPISODE 1

손은 어디서 씻어요?
手はどこで洗いますか？

씻어요? VS 빨아요?

ユナちゃんの家で

맛있다♡

OK

손은 어디서 씻어요?

あちらです。

NG

손은 어디서 빨아요?

第2章　自宅で

CD-8

EXERCISE

<ruby>손<rt>ソヌン</rt></ruby>은 <ruby>어디서<rt>オディソ</rt></ruby> <ruby>씻어요<rt>ッシソヨ</rt></ruby>?
　　　　　　　　　手はどこで洗いますか？

<ruby>얼굴을<rt>オルグルル</rt></ruby> <ruby>씻어요<rt>ッシソヨ</rt></ruby>　　　　　顔を洗います

<ruby>발을<rt>パルル</rt></ruby> <ruby>씻어요<rt>ッシソヨ</rt></ruby>　　　　　　足を洗います

<ruby>어디서<rt>オディソ</rt></ruby> <ruby>빨아요<rt>ッパラヨ</rt></ruby>?
　　　　　　　　　どこで洗濯しますか？

<ruby>바지를<rt>パジルル</rt></ruby> <ruby>빨아요<rt>ッパラヨ</rt></ruby>　　　　　ズボンを洗います

<ruby>치마를<rt>チマルル</rt></ruby> <ruby>빨아요<rt>ッパラヨ</rt></ruby>　　　　　スカートを洗います

MEMO

　「빨아요」は「洗濯する」の意味なので、「手を洗う」の場合は、「빨아요」ではなく、「손을 씻어요」と言います。ちなみに、「髪」の場合は、「머리를 감아요（髪を洗います）」。

　また、「손을 닦다（手を洗う）」、「그릇을 닦다（皿を洗う）」とも言いますが、この「닦다」は、汚れをこすって落としたり、磨いたりする場合に使います。

おまけ

発音ルール

韓国語を習い始めた人は、まず韓国語の発音と発音ルールに戸惑います。日本語にはない発音や発音規則がたくさんあるからです。しかし、発音の基本さえ理解しておけば、後は楽です。

① **リエゾン（連音化）**：終声（パッチム）の後ろに母音が来ると、リエゾンが起こり、パッチムは次の母音の初声として発音されます。
한국어（韓国語）⇒［한구거］　　손은（手は）⇒［소는］
사람이（人が）⇒［사라미］　　돈을（お金を）⇒［도늘］

② **激音化**：「ㄱ,ㄷ,ㅂ,ㅈ」の後ろに、「ㅎ」が来ると、「ㅋ,ㅌ,ㅍ,ㅊ」のように、強く発音されます。
좋다（よい）⇒［조타］　　많다（多い）⇒［만타］
부탁해요（お願いします）⇒［부타캐요］

③ **鼻音化**：終声「ㄱ,ㄷ,ㅂ」の後ろに「ㄴ,ㅁ」が来ると、それぞれ「ㅇ,ㄴ,ㅁ」になります。
작년（去年）⇒［장년］　　콧물（鼻水）⇒［콘물］
입니다（です）⇒［임니다］

④ **流音化**：終声「ㄴ+ㄹ」、「ㄹ+ㄴ」は、「ㄹ+ㄹ」と発音されます。
관리（管理）⇒［괄리］　　설날（元旦）⇒［설랄］

⑤ **濃音化**：「ㄱ,ㄴ,ㅂ,ㅅ,ㅈ」の後ろに「ㄱ,ㄷ,ㅂ」が来ると、「ㄲ,ㄸ,ㅃ,ㅆ,ㅉ」のように、のどを緊張させて発音します。
학교（学校）⇒［학꾜］　　숫자（数字）⇒［숟짜］

⑥ **ㄴ音の添加**：主に合成語の場合、パッチムの後に「야,여,요,유,이」がくると、「ㄴ」音が添加され、「냐,녀,뇨,뉴,니」と発音される場合があります。
십육（16）⇒［심뉵］　　두통약（頭痛薬）⇒［두통냑］
지하철역（地下鉄駅）⇒［지하철녁］⇒（流音化）［지하철력］

EPISODE 2
불을 켤까요?
電気をつけましょうか？

불을 켤까요? VS 불을 지를까요?

ユナの部屋
ちょっと暗いので···

OK	NG
 불을 켤까요?	불을 지를까요?

EXERCISE

<ruby>불<rt>プル</rt></ruby><ruby>을<rt>ル</rt></ruby> <ruby>켤<rt>キョル</rt></ruby><ruby>까요?<rt>ッカヨ</rt></ruby> 電気をつけましょうか？

<ruby>텔레비전<rt>テレビジョヌ</rt></ruby><ruby>을<rt>ル</rt></ruby> <ruby>켤<rt>キョル</rt></ruby><ruby>까요?<rt>ッカヨ</rt></ruby> テレビをつけましょうか？

<ruby>에어컨<rt>エオコヌ</rt></ruby><ruby>을<rt>ル</rt></ruby> <ruby>켤<rt>キョル</rt></ruby><ruby>까요?<rt>ッカヨ</rt></ruby> エアコンをつけましょうか？

<ruby>불<rt>プル</rt></ruby><ruby>을<rt>ル</rt></ruby> <ruby>지를<rt>チルル</rt></ruby><ruby>까요?<rt>ッカヨ</rt></ruby> 火をつけましょうか？

<ruby>소리<rt>ソリル</rt></ruby><ruby>를<rt>ル</rt></ruby> <ruby>지를<rt>チルル</rt></ruby><ruby>까요?<rt>ッカヨ</rt></ruby> 大声を出しましょうか？

<ruby>고함<rt>コハム</rt></ruby><ruby>을<rt>ル</rt></ruby> <ruby>지를<rt>チルル</rt></ruby><ruby>까요?<rt>ッカヨ</rt></ruby> 大声で叫びましょうか？

MEMO

韓国語の「불」は「電気、光、照明、火」などを意味しますが、「電気をつける」の場合は「불을 켜다」と言い、「火をつける」の場合は「불을 지르다（放火する）」と言います。「지르다」には、「張り上げる、叫ぶ」といった意味もあります

また、「電気を消す、火を消す」は、両方とも「불을 끄다」と言います。そこで、「電気を消しましょうか」、「火を消しましょうか」は、両方とも「불을 끌까요?」になります。

EPISODE 3
페인트가 손에 묻었어요
ペンキが手に付いています

묻었어요 VS 붙었어요

ユナちゃんの家で・・・

OK

페인트가 묻었어요

あら！

NG

페인트가 붙었어요

取れないー!!

どうぞ。これで拭いて♡

第2章 自宅で

CD-10

EXERCISE

묻 손에 묻었어요　手に付いています
　　ソネ　ムドッソヨ

붙 손에 붙었어요　手にくっ付いています
　　ソネ　プトッソヨ

MEMO

「묻다（付く）」は、しみや汚れなどが付く場合を指しますが、「붙다（付く）」は、接着力のあるものでくっ付けられている感じです。

また、「付ける」の意味を持つ「묻히다」、「찍다」、「붙이다」も次のようにそれぞれ微妙にニュアンスが違います。

꿀을 묻혔어요
（ハチミツをまんべんなく付けました）

꿀을 찍었어요
（ハチミツをちょこっと付けました）

꿀통을 붙였어요
（ハチミツのつぼをくっ付けました）

EPISODE 4
복습해요
復習しています

복습해요 VS 복수해요

何してるのー？

OK	NG
복습해요	복수해요

韓国語の勉強ー♡

殺してやるー!!

第2章　自宅で

CD-11

EXERCISE

습

복습해요 （ポクスペヨ）　　復習しています
공부해요 （コンブヘヨ）　　勉強しています
숙제해요 （スクチェヘヨ）　　宿題しています

수

복수해요 （ポクスヘヨ）　　復讐しています
일해요 （イレヨ）　　仕事しています
놀아요 （ノラヨ）　　遊んでいます

MEMO

「복습（復習）」と「복수（復讐）」、「地震（지진）」と「自身（자신）」などのように、日本語では同じ発音であっても、韓国語では違う発音になるものがあります。

また、日本語の「何年生」は、韓国語で読むと「몇년생」ですが、これは韓国語では「何年生まれ」の意味になります。「何年生」は「몇학년（何学年）」と言います。

EPISODE 5
한 달에 한 번 머리를 잘라요
月一回、髪を切ります

잘라요 VS 베어요

私は、月一回・・・

OK

머리를 잘라요

NG

머리를 베어요

第 2 章　自宅で

CD-12

EXERCISE

<ruby>머리를<rt>モリルル</rt></ruby> <ruby>잘라요<rt>チャルラヨ</rt></ruby>	髪を切ります
<ruby>종이를<rt>チョンイルル</rt></ruby> <ruby>잘라요<rt>チャルラヨ</rt></ruby>	紙を切ります
<ruby>말을<rt>マルル</rt></ruby> <ruby>잘라요<rt>チャルラヨ</rt></ruby>	言葉を切ります
<ruby>머리를<rt>モリルル</rt></ruby> <ruby>베어요<rt>ペオヨ</rt></ruby>	頭を切ります
<ruby>나무를<rt>ナムルル</rt></ruby> <ruby>베어요<rt>ペオヨ</rt></ruby>	木を切ります
<ruby>목을<rt>モグル</rt></ruby> <ruby>베어요<rt>ペオヨ</rt></ruby>	首を切断します

MEMO

　韓国語では、「切る」を「자르다」、「베다」のように使い分けています。たとえば、

● 「髪を（머리를）／紙を（종이를）」⇒「잘라요（切ります）」
● 「木を（나무를）」⇒「베어요（切り倒します）」

　また、「紙で手を切った」の場合は、「종이에 손을 베었어요」と言います。「종이로 손을 잘랐어요」と言うと、実際に切断されたことになります。

　ちなみに、「クビにしました」は「목을 잘랐어요（首を切りました）」、「クビになりました」は「목이 잘렸어요（首が切られました）」。

関連用語

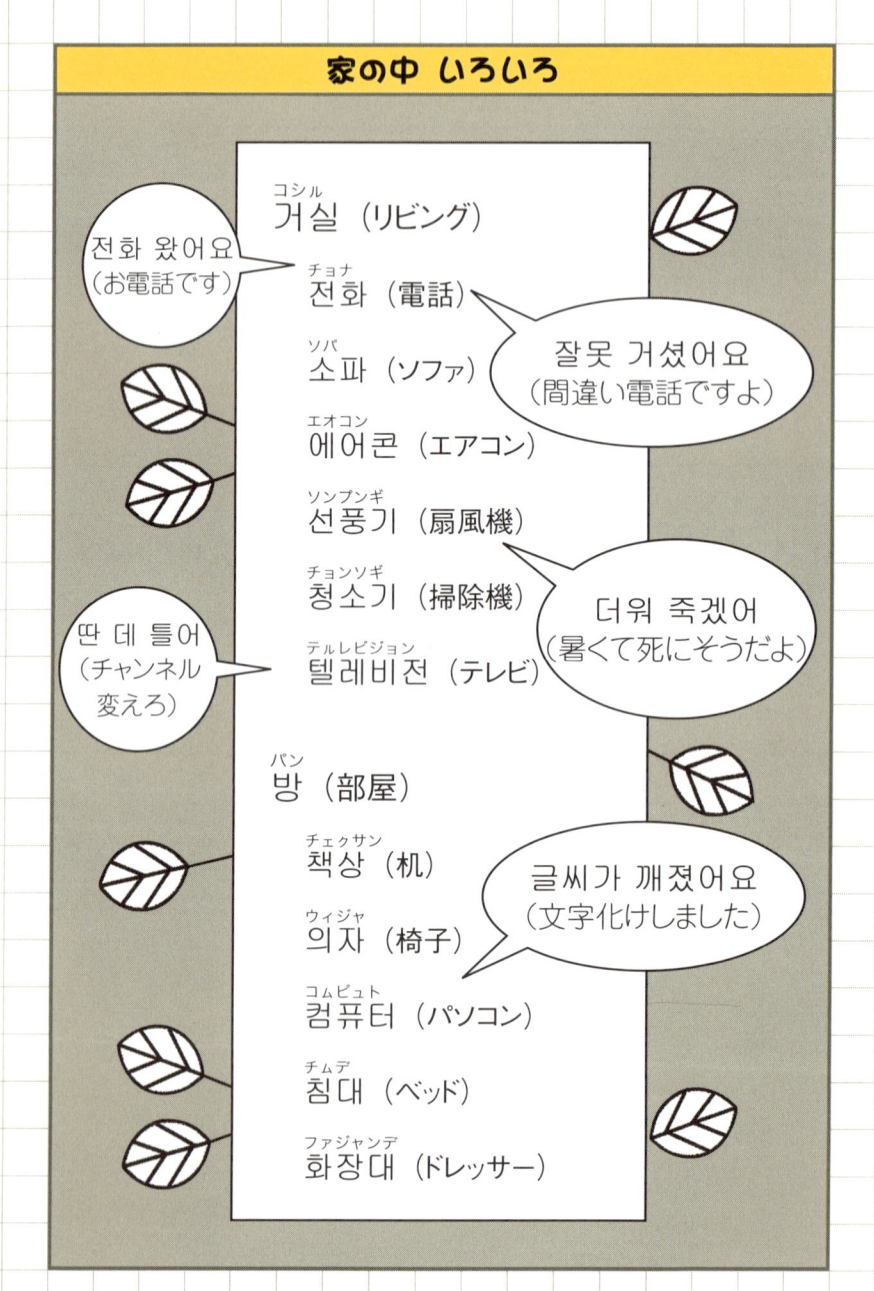

家の中 いろいろ

거실 (リビング)
〔コシル〕

전화 (電話)
〔チョナ〕

소파 (ソファ)
〔ソパ〕

에어콘 (エアコン)
〔エオコン〕

선풍기 (扇風機)
〔ソンプンギ〕

청소기 (掃除機)
〔チョンソギ〕

텔레비전 (テレビ)
〔テルレビジョン〕

방 (部屋)
〔パン〕

책상 (机)
〔チェクサン〕

의자 (椅子)
〔ウィジャ〕

컴퓨터 (パソコン)
〔コムピュト〕

침대 (ベッド)
〔チムデ〕

화장대 (ドレッサー)
〔ファジャンデ〕

- 전화 왔어요（お電話です）
- 잘못 거셨어요（間違い電話ですよ）
- 딴 데 틀어（チャンネル変えろ）
- 더워 죽겠어（暑くて死にそうだよ）
- 글씨가 깨졌어요（文字化けしました）

家の中 いろいろ

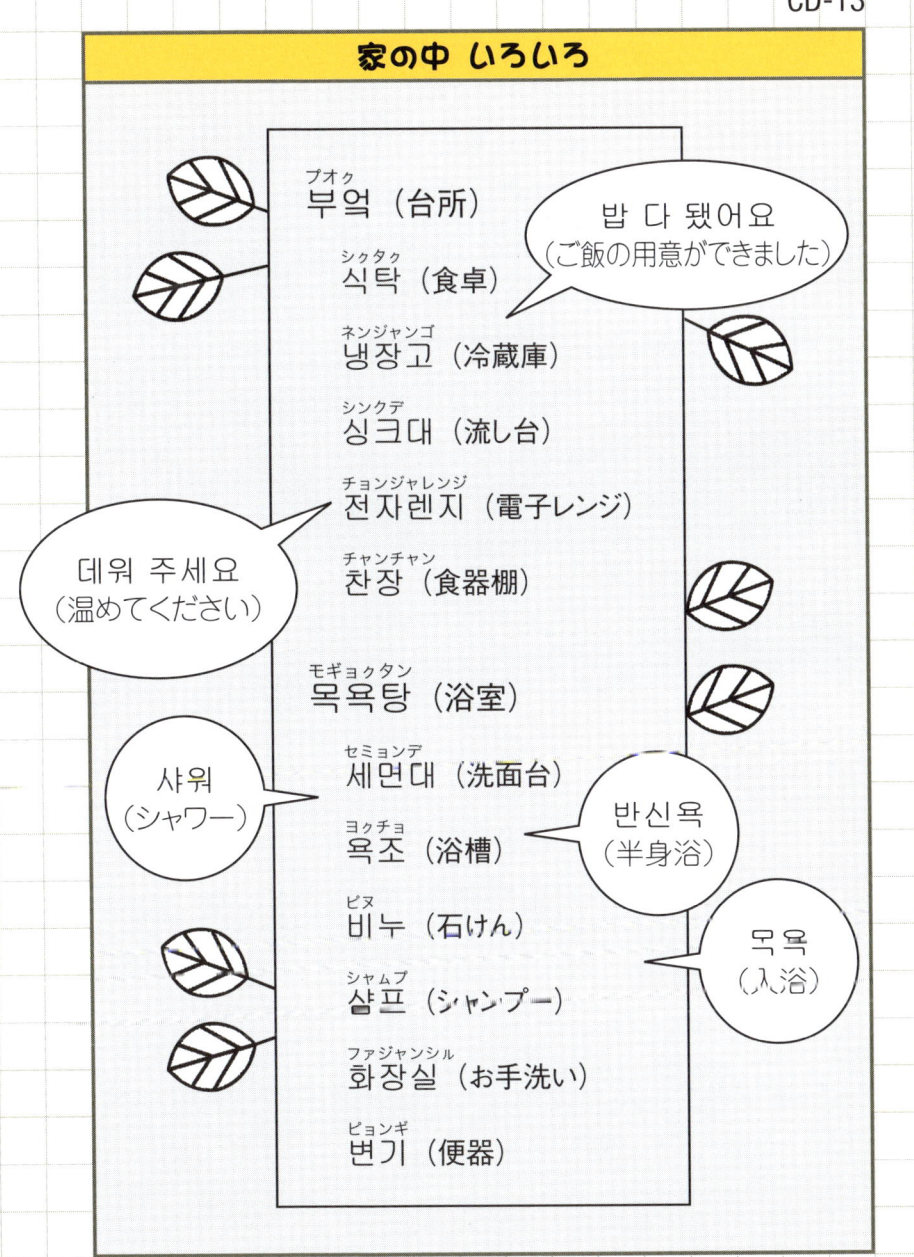

부엌（台所）
ブオク

식탁（食卓）
シクタク

냉장고（冷蔵庫）
ネンジャンゴ

싱크대（流し台）
シンクデ

전자렌지（電子レンジ）
チョンジャレンジ

찬장（食器棚）
チャンチャン

목욕탕（浴室）
モギョクタン

세면대（洗面台）
セミョンデ

욕조（浴槽）
ヨクチョ

비누（石けん）
ピヌ

샴푸（シャンプー）
シャムプ

화장실（お手洗い）
ファジャンシル

변기（便器）
ピョンギ

- 밥 다 됐어요（ご飯の用意ができました）
- 데워 주세요（温めてください）
- 샤워（シャワー）
- 반신욕（半身浴）
- 목욕（入浴）

COLUMN

逆さまから見る韓国語①

　「応対―対応」、「論議―議論」、「居住―住居」などのように、日本語と韓国語には逆さまから読んでも同じ意味を成す言葉があります。

　また、日本語には「竹藪焼けた」のように逆から読んでも同じ文になる回文がありますが、韓国語にもこのような回文があります。

　それでは、韓国語の回文を読みながら、発音の練習をしてみましょうか。

1. 여보　안경　안 보여
   あなた　めがね　見えない

2. 아　좋다　좋아
   ああ　いいね　いいね

3. 다시　　합창합시다
   もう一度　合唱しましょう

4. 소주　만병만　　주소
   焼酎　一万瓶だけ　ください

거꾸로 보는 한국어 ①

「응대(応対)-대응(対応)」, 「논의(論議)-의론(議論)」, 「거주(居住)-주거(住居)」 등과 같이 일본어와 한국어에는 거꾸로 읽어도 같은 의미가 되는 말이 있어요.

또 일본어에는 「竹藪焼けた」와 같이 거꾸로 읽어도 같은 문장이 되는 回文이 있는데 한국어에도 이러한 문장이 있어요.

그럼 이러한 한국어 문장들을 읽으면서 발음연습을 해 볼까요?

5. 자　빨리 빨리 빨자
　 さあ　早く　早く　洗濯しよう

6. 생신 사가는　　가사선생
　 お魚　買っていく　家庭科先生

7. 자꾸만　꿈만　　꾸자
　 しきりに　夢ばかり　見よう

8. 짐 사이에　　이삿짐
　 荷物の間に　引越しの荷物

休

가끔씩은 하늘을 올려다보자
時には空を見上げてみよう

第3章
天気

お天気のことを話しているのに、
なぜか相手には通じません。
どこかおかしいのかなぁ…

EPISODE 1

비가 좋아요
雨が好きです

비 VS 피

私、雨好き！
ともこちゃんの家で・・・
あっ、雨!!

OK	NG
비가 좋아요	피가 좋아요
歌手の비 (Rain)도 좋아해요~♡ 저도요!	ドラキュラー！

第3章　天気

CD-15

EXERCISE

ㅂ
비가 좋아요 = 비를 좋아해요
（ピガ　チョアヨ）　　（ピルル　チョアヘヨ）
　　　　　　　　　　　　　　　　雨が好きです

비가 싫어요 = 비를 싫어해요　　雨が嫌いです
（ピガ　シロヨ）　（ピルル　シロヘヨ）

ㅍ
피가 좋아요 = 피를 좋아해요
（ピガ　チョアヨ）　　（ピルル　チョアヘヨ）
　　　　　　　　　　　　　　　　血が好きです

피가 싫어요 = 피를 싫어해요　　血が嫌いです
（ピガ　シロヨ）　（ピルル　シロヘヨ）

MEMO

韓国の歌手「비」が日本で活動しはじめて間もないころ、芸名をすぐ「Rain」に変えましたが、これは「비」の日本語の表記が「ピ」なため、日本語の語感としても「ピー、ピー」とあまりよくなく、また「ピ」は韓国語の「피（血）」に聞こえるからだったかもしれません。

また、韓国語の「좋다」は形容詞（「好きだ」）で、「좋아하다」は動詞（「好む」）ですが、「～が好きだ」は、韓国語では、「(～가/이) 좋아요」と「(～를/을) 좋아해요」を両方とも使います。「～が嫌いだ」も同様に、「(～가/이) 싫어요」と「(～를/을) 싫어해요」の両方が使えます。

EPISODE 2

추웠어요
寒かったです

추웠어요 VS 주웠어요

昨日は・・・

OK — 추웠어요

NG — 주웠어요

何を？

春はまだかなぁ
ねぇー!

いや、주웠어요ーい!
だから、何をー?

EXERCISE

ㅊ
추웠어요 (チュウォッソヨ) — 寒かったです
더웠어요 (トウォッソヨ) — 暑かったです

ㅈ
주웠어요 (チュウォッソヨ) — 拾いました
버렸어요 (ポリョッソヨ) — 捨てました

MEMO

「주웠어요」の「주」は、「추웠어요」の「추」ほど息は出ません。このように息が出るか出ないかの違いによって意味が変わるものには、次のようなものがあります。

- 「쿡（ぶすっと、コック）」:「국（汁、スープ）」
- 「턱（あご）」:「덕（徳）」
- 「퇴치（退治）」:「돼지（豚）」
- 「탈（お面）」:「달（月）」
- 「팔（腕）」:「발（足）」
- 「풀（草、糊）」:「불（火）」
- 「차（お茶、車）」:「자（定規）」
- 「처（妻）」:「저（私）」

EPISODE 3
두꺼운 옷을 입으세요
厚い服を着てください

두꺼운 옷 VS 뜨거운 옷

寒いだろうから…!

OK	NG
두꺼운 옷을 입으세요	뜨거운 옷을 입으세요

第3章　天気

CD-17

EXERCISE

두

두꺼운 옷을 입으세요
(トゥッコウン オスル イブセヨ)
　　　　　　　　　　厚い服を着てください

두꺼운 책
(トゥッコウン チェク)
　　　　　　　　　　厚い本

두꺼운 화장
(トゥッコウン ファジャン)
　　　　　　　　　　厚化粧

뜨

?뜨거운 옷을 입으세요
(ットゥゴウン オスル イブセヨ)
　　　　　　　　　?熱い服を着てください

뜨거운 커피
(ットゥゴウン コピ)
　　　　　　　　　　熱いコーヒー

뜨거운 관심
(ットゥゴウン クァンシム)
　　　　　　　　　　熱い関心

MEMO

日本語の「あつい」を、韓国語では次のように、三つに使い分けています。

● 本や服などが「厚い」は「두껍다（厚い）」⇔「얇다（薄い）」
● 温度や情熱などが「熱い」は「뜨겁다」⇔「차다（冷たい）」
● 気温や天気が「暑い」は「덥다」⇔「춥다（寒い）」

EPISODE 4

눈싸움해요
雪合戦しましょう

눈싸움

우리…

OK

눈싸움해요

NG

눈싸움해요

第3章　天気

CD-18

EXERCISE

<ruby>눈싸움해요<rt>ヌンッサウメヨ</rt></ruby>　　雪合戦しましょう

<ruby>몸싸움<rt>モムッサウム</rt></ruby>　　揉み合い

<ruby>눈싸움해요<rt>ヌンッサウメヨ</rt></ruby>　　にらめっこしましょう

<ruby>말싸움<rt>マルッサウム</rt></ruby>　　口喧嘩

MEMO

　日本語の「雪」と「目」は、韓国語では両方とも「눈」ですが、「雪」は「눈:」のように伸ばして発音します。よって、「雪合戦」は「눈:싸움」、「にらめっこ」は「눈싸움」となります。でも、実際の会話ではその場の状況で分かるので、そんなに気にしなくてもいいです。
　ちなみに、「말（馬）」と「말:（言葉）」、「밤（夜）」と「밤:（栗）」、「굴（カキ）」と「굴:（洞窟）」も音の長さが違います。
　また、「～해요」は、イントネーションを変えるだけで、いろんな表現になります。たとえば、「공부해요（現在：勉強します）」、「공부해요？（疑問：勉強しますか？）」、「빨리 공부해요（命令：早く勉強しなさい）」、「같이 공부해요（勧誘：一緒に勉強しましょう）」。

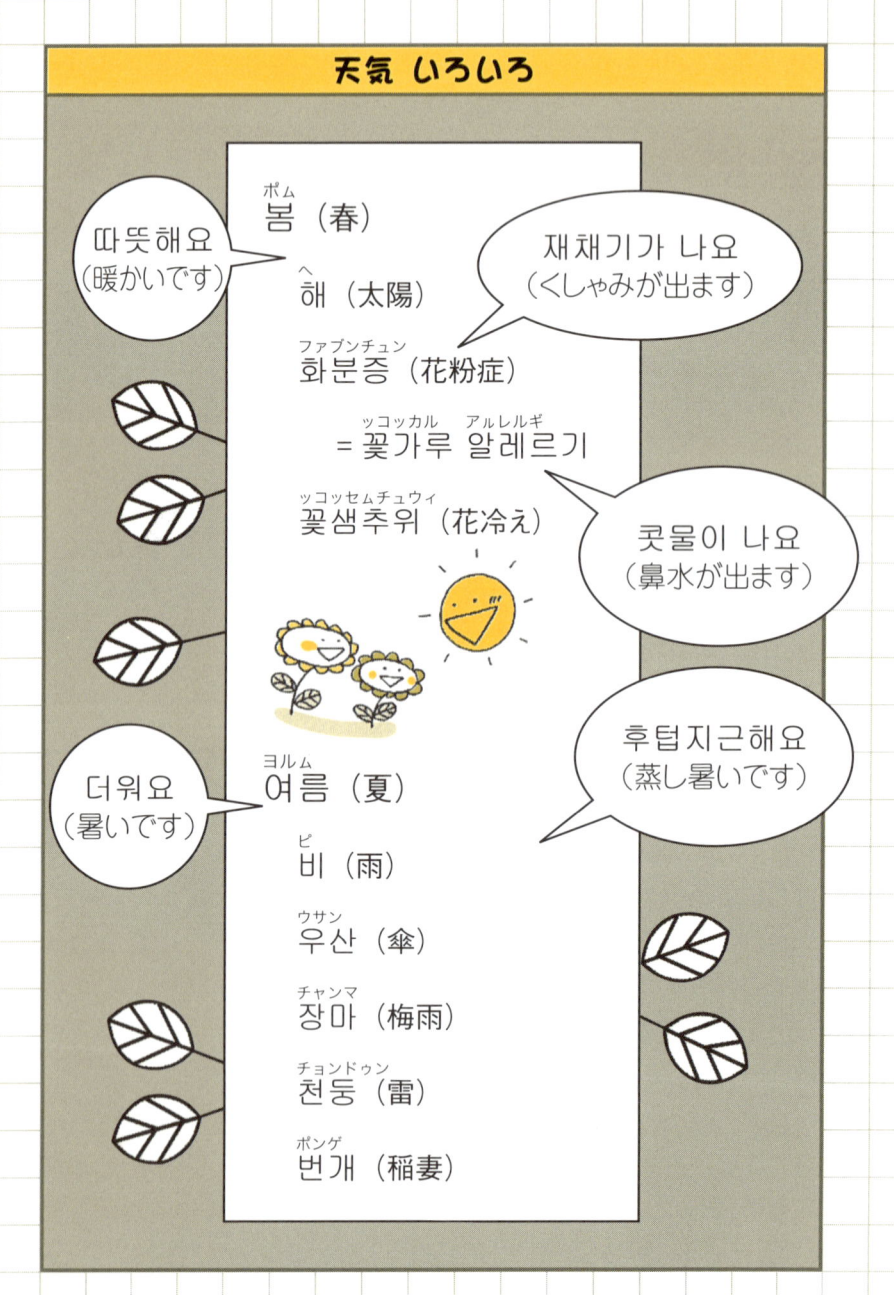

関連用語

天気 いろいろ

봄（春）_{ポム}

해（太陽）_ヘ

화분증（花粉症）_{ファブンチュン}
= 꽃가루 알레르기_{ッコッカル アルレルギ}

꽃샘추위（花冷え）_{ッコッセムチュウィ}

여름（夏）_{ヨルム}

비（雨）_ピ

우산（傘）_{ウサン}

장마（梅雨）_{チャンマ}

천둥（雷）_{チョンドゥン}

번개（稲妻）_{ポンゲ}

- 따뜻해요（暖かいです）
- 재채기가 나요（くしゃみが出ます）
- 콧물이 나요（鼻水が出ます）
- 더워요（暑いです）
- 후텁지근해요（蒸し暑いです）

第3章　天気

CD-19

天気 いろいろ

가을（秋）[カウル]

단풍（もみじ）[タンプン]

낙엽（落ち葉）[ナギョプ]

겨울（冬）[キョウル]

눈（雪）[ヌン]

눈사람（雪だるま）[ヌンサラム]

- 시원해요（涼しいです）
- 쌀쌀해요（肌寒いです）
- 쓸쓸해요（寂しいです）
- 추워요（寒いです）
- 첫눈이 왔어요（初雪が降りました）

COLUMN

早口言葉

　みなさんは、「生麦生米生卵〜生麦生米生卵〜生麦生米生卵」を早く言えますか？　うまく言えない人も多いはずです。

　ところが、日本語話者の苦手な日本の早口言葉を、外国人は意外とうまく言えたりします。同じように、韓国人が早く言えない韓国の早口言葉を、外国人はうまく言えたりするのです。

　それでは、みなさんも韓国の早口言葉にチャレンジしてみませんか。最初は難しいでしょうけれども、練習して、早く言えるようになったら、誰かに聞かせてみて下さい。きっとみんなビックリするでしょう。もちろん、発音の練習にもなりますよ。

1. 철수　　　책상　철책상
   チョルスの　机　鉄の机

2. 서울특별시　특허허가과　허가과장　허과장
   ソウル特別市　特許許可課　許可課長　ホ課長

3. 간장　공장　공장장은　강　공장장이고,
   醤油　工場の　工場長は　カン　工場長で、

   된장　공장　공장장은　공　공장장이다
   味噌　工場の　工場長は　コン　工場長だ

말놀이 문장 (言葉遊び文章)

　여러분은 「生麦生米生卵～生麦生米生卵～生麦生米生卵」를 빨리 말할 수 있나요? 잘 하지 못하는 사람도 많을 거예요.

　그런데 일본어화자가 잘 말하지 못하는 일본의 早口言葉를 외국인들은 의외로 잘 말하기도 해요. 마찬가지로 한국사람들이 잘 말하지 못하는 한국의 말놀이 문장을 외국인들은 잘 하기도 한답니다.

　그럼 여러분도 한국의 말놀이 문장에 도전해 보지 않을래요? 처음에는 어렵겠지만 연습해서 빨리 말할 수 있게 되면 누군가에게 들려줘 보세요. 모두 놀랄 거예요. 물론 발음연습도 된답니다.

4. 이　콩깍지는　깐　콩깍지냐,　안 깐　콩깍지냐?
　　この　大豆のさやは　剥いた　さやなのか、剥いてない　さやなのか?

5. 내가　그린　기린　그림은　긴　기린　그림이고
　　私が　書いた　キリンの　絵は　長い　キリンの　絵で

　　니가　그린　기린　그림은 안 긴　기린　그림이다
　　お前が　書いた　キリンの　絵は　長くない　キリンの　絵だ

6. 저 분은　백　법학박사이고 이 분은　박　법학박사이다
　　あの方は　ペク　法学博士で　この方は　パク　法学博士だ

休

오늘 할 일을 내일로 미루지 말자
今日やるべきことを
明日まで持ち越さない

第4章
友達の家で

ユナちゃん家に遊びに来たともこちゃん。
ところが、
どうやら失礼なことを言ってしまったらしいのです!?
さあ、
どうする!
ともこちゃん。

EPISODE 1

누구 팬이에요?
誰のファンですか？

팬 VS 편

ミヌさんは・・・

OK	NG
누구 팬이에요?	누구 편이에요

僕は…
チョンジヒョンも好きだし
いや、最近はキムテヒが
好き♡
でも やっぱり BoAちゃんが
一番かなぁ

いや、別に
誰の味方でも…

第4章　友達の家で

CD-21

EXERCISE

패 누구 팬이에요? (ヌグ ペニエヨ) 誰のファンですか?

편 누구 편이에요? (ヌグ ピョニエヨ) 誰の味方ですか?

MEMO

　日本語の「名詞＋です」は、韓国語では「名詞＋입니다」または「名詞＋예요（パッチム×）/이에요（パッチム○）」と言います。たとえば、「歌手（가수）です⇒가수입니다/가수예요」、「会社員（회사원）です⇒회사원입니다/회사원이에요」。「예요/이에요」は、「입니다」より若干くだけた敬語で、日常会話でよく用いられます。

　ところが、韓国語の「의（の）」は、主に次のような場合に省略します。

　①所有を表す場合：아버지 책（父の本）
　②位置名詞：책상 위（机の上）
　③分離できないもの・関連性の強いもの：바지 주머니
　　　　　　　　　　　　　　　　　（ズボンのポケット）
　④時の名詞が連続する場合：올해 봄（今年の春）
　⑤人間関係：우리 어머니（うちの母）、회사 동료（会社の同僚）
　ただし、「소년의 꿈（少年の夢）、그의 성공（彼の成功）」のように、比ゆ的表現や関連性の弱いものの場合は「의」は省略できません。

EPISODE 2

남자친구가 멋있어요
彼氏がカッコいいです

멋있어요 VS 맛있어요

ユナちゃんの彼氏・・・

OK

멋있어요

いや、それほどでも…♡

NG

맛있어요

맛있다~!

EXERCISE

어	멋있어요 (モシッソヨ)	カッコいいです
마	맛있어요 (マシッソヨ)	美味しいです

MEMO

「멋있어요」と「맛있어요」のように、母音の違いによって意味が変わるものは意外と多いです。たとえば、

- 「가지（ナス）」：「거지（物乞い）」
- 「미술（美術）」：「무술（武術）」
- 「부츠（ブーツ）」：「부추（にら）」
- 「커피（コーヒー）」：「코피（鼻血）」

また、「부끄러워요（恥ずかしいです）」と「부러워요（うらやましいです）」、「이상입니다（以上です）」と「이상합니다（おかしいです）」などもよく間違う表現なので、気をつけましょう。

EPISODE 3 몸매가 좋네요
スタイルがいいですね

몸매 VS 몸집

ユナちゃんは…

OK	NG
몸매가 좋네요	몸집이 좋네요
 そうでしょー？昔からそうですの♡	 そんなに太ってないってば!!

第4章　友達の家で

CD-23

EXERCISE

| 몸매가 좋네요
_{モムメガ チョンネヨ} | すらりとしてますね |
| 스타일이 좋네요
_{スタイリ チョンネヨ} | スタイルがいいですね |

| 몸집이 좋네요
_{モムチビ チョンネヨ} | がっちりしてますね |
| 체격이 좋네요
_{チェギョギ チョンネヨ} | 体格がいいですね |

MEMO

　「몸매」と「몸집」は両方とも体つきを意味するが、「スタイルがよい」場合は「몸매가 좋다」と言います。「몸집」は体の大きさを意味するので、「몸집이 좋다」は「がっちりして体格がよい」ことを示します。また、体が大きいとか小さいというのは、「몸집이 크다」、「몸집이 작다」ですが、「몸이 크다（体が大きい）」、「몸이 작다（体が小さい）」とも言います。

　「~네요」は、感嘆を表す「~ですね」の意味です。

EPISODE 4

오래된 집이군요
古い家ですね

오래된 집 VS 낡은 집

ミヌさんの家は・・・

OK	NG
 오래된 집이군요	  낡은 집이군요
 伝統的家屋	 ボロボロ…／そんな失礼な…

第4章　友達の家で

CD-24

EXERCISE

<ruby>오래된<rt>オレデン</rt></ruby> <ruby>집이군요<rt>チビグンニョ</rt></ruby>　　古い家ですね

<ruby>오래된<rt>オレデン</rt></ruby> <ruby>술이군요<rt>スリグンニョ</rt></ruby>　　古いお酒ですね

<ruby>오래된<rt>オレデン</rt></ruby> <ruby>사이군요<rt>サイグンニョ</rt></ruby>　　古い間柄ですね

<ruby>낡은<rt>ナルグン</rt></ruby> <ruby>집이군요<rt>チビグンニョ</rt></ruby>

　　　　　　ボロボロの古びた家ですね

<ruby>낡은<rt>ナルグン</rt></ruby> <ruby>책이군요<rt>チェギグンニョ</rt></ruby>　　古びた木ですね

<ruby>낡은<rt>ナルグン</rt></ruby> <ruby>구두군요<rt>クドゥグンニョ</rt></ruby>　　古びた靴ですね

MEMO

「오래된 집」と「낡은 집」は、両方とも「古い家」を意味しますが、「낡은 집」には「ボロボロの、古びた家」といったニュアンスがあります。ちなみに、「낡은 집」は「헌 집 (古びた家)」とも言います。
また、「집이군요 / 구두군요」の「～군요」は「～네요」とほぼ同じ意味ですが、「집이네요 / 구두네요」の方がやわらかい女性的な表現です。

関連用語

性格 いろいろ

얌전이
(おとなしい人)

새침데기
(お澄まし屋さん、かまとと)

チャカダ
착하다（やさしい、善良だ）

ヤムジョナダ
얌전하다（おとなしい）

チャブナダ
차분하다（物静かだ、落ち着いている）

ソンシラダ
성실하다（誠実だ、真面目だ）

ッコムッコマダ
꼼꼼하다（几帳面だ）

ッサクッサカダ
싹싹하다（気さくだ）

シウォンシウォナダ
시원시원하다（さばさばしている）

スンジナダ
순진하다（純真だ、うぶだ）

똘똘이
(利口な子)

ットクットカダ
똑똑하다（賢い、利口だ）

ソングパダ
성급하다（せっかちだ）

덜렁이
(慌てん坊)

トゥルロンゴリダ
덜렁거리다（そそっかしい）

ケウルダ
게으르다（怠惰だ）

第4章　友達の家で

CD-25

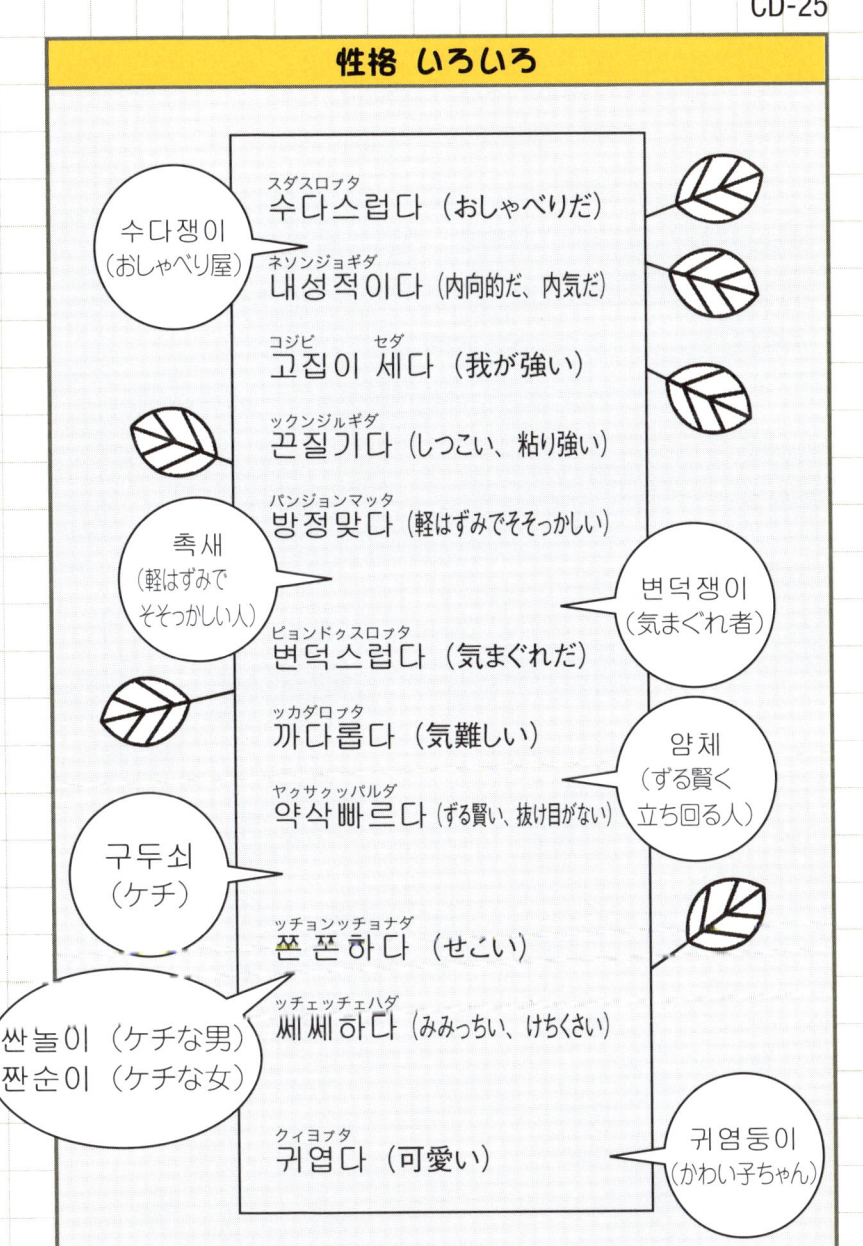

性格　いろいろ

- 수다스럽다（おしゃべりだ）〔スダスロプタ〕
  - 수다쟁이（おしゃべり屋）
- 내성적이다（内向的だ、内気だ）〔ネソンジョギダ〕
- 고집이 세다（我が強い）〔コジビ セダ〕
- 끈질기다（しつこい、粘り強い）〔ックンジルギダ〕
- 방정맞다（軽はずみでそそっかしい）〔パンジョンマッタ〕
  - 촉새（軽はずみでそそっかしい人）
- 변덕스럽다（気まぐれだ）〔ピョンドクスロプタ〕
  - 변덕쟁이（気まぐれ者）
- 까다롭다（気難しい）〔ッカダロプタ〕
- 약삭빠르다（ずる賢い、抜け目がない）〔ヤクサクッパルダ〕
  - 얌체（ずる賢く立ち回る人）
- 쫀쫀하다（せこい）〔ッチョンッチョナダ〕
  - 구두쇠（ケチ）
  - 짠돌이（ケチな男）
  - 짠순이（ケチな女）
- 쩨쩨하다（みみっちい、けちくさい）〔ッチェッチェハダ〕
- 귀엽다（可愛い）〔クィヨプタ〕
  - 귀염둥이（かわい子ちゃん）

COLUMN

逆さまから見る韓国語②

《逆さまから見る韓国語①》では、逆から読んでも同じになる回文を見てみましたが、今回は、逆さまから読むと、違う意味になる言葉について見てみましょう。たとえば、「인연(縁):연인(恋人)」、「물약(水薬):약물(薬物)」、「체육(体育):육체(肉体)」、「박수(拍手):수박(スイカ)」などがあります。他にも次のような例があります。

サチ
사치(贅沢)

チサ
치사(けち)

カムドク
감독(監督)

トクカム
독감(インフルエンザ)

거꾸로 보는 한국어②

《거꾸로 보는 한국어①》에서는 거꾸로 읽어도 의미가 같은 回文을 살펴보았는데, 이번에는 거꾸로 읽으면 다른 의미가 되는 말을 살펴볼까요? 예를 들면 「인연 : 연인」, 「물약 : 약물」, 「체육 : 육체」, 「박수 : 수박」 등이 있어요. 이 외에도 다음과 같은 예들이 있답니다.

ットンケ
똥개(雑種犬)

ケットン
개똥(犬のふん)

ソンセン
선생(先生)

センソン
생선(お魚)

休

인간은 생각하는 갈대이다
人間は考える葦である
(by パスカル)

第5章
旅行

久しぶりの旅行にわくわくするともこちゃん。
ところが、
旅行先でまたもやハプニングが!?
さあさあ、
どうする?!
どうする!!
ともこちゃん！

EPISODE 1 몸을 태웠어요
体を焼きました

태웠어요 VS 구웠어요

ハワイで・・・

OK

몸을 태웠어요

のんびりー♡

NG

몸을 구웠어요

あちッ！
あちッ！
熱ッ！

EXERCISE

몸을 태웠어요 　　体を焼きました
밥을 태웠어요 　　ご飯を焦がしました
쓰레기를 태웠어요 　　ゴミを燃やしました
가슴을 태웠어요 　　胸を焦がしました

?몸을 구웠어요
　　?魚のように体を焼きました
빵을 구웠어요 　　パンを焼きました
고기를 구웠어요 　　肉を焼きました
CD를 구웠어요 　　CDを焼きました

MEMO

「焼きもちを焼く」の場合は、「질투하다（嫉妬する）」と言います。

EPISODE 2
하와이에 가는데 8시간쯤 걸렸어요
ハワイに行くのに8時間くらいかかりました

걸렸어요 VS 걸었어요

ハワイに行くのに・・・

OK

8시간 쯤

걸렸어요

NG

8시간 쯤

걸었어요

EXERCISE

렸
ヨドルシガンッチュム　コルリョッソヨ
8 시간쯤 걸렸어요
8時間くらいかかりました

었
ヨドルシガンッチュム　コロッソヨ
8 시간쯤 걸었어요
8時間くらい歩きました

MEMO

　日本語の場合、時間もお金も「かかる」と言いますが、韓国語の場合、「時間」は「걸리다」、「お金」は「들다」を使います。たとえば、「2時間かかりました」は「2시간 걸렸어요」、「3万ウォンかかりました」は「3만원 들었어요」と言います。
　また、時間を言う場合、日本語と違って、固有数詞を使います。

1時間	한 시간	2時間	두 시간
3時間	세 시간	4時間	네 시간
5時間	다섯 시간	6時間	여섯 시간
7時間	일곱 시간	8時間	여덟 시간
9時間	아홉 시간	10時間	열 시간

EPISODE 3
못 가요
行けません

못 가요 VS 안 가요

ともこちゃん、一緒に映画行かない？

OK	NG
못 가요	안 가요
ゴメンね！ / じゃあまた今度ね！	冷たいっ！ / もう誘わない…

第5章　旅行

CD-29

EXERCISE

못 가요 (モッ カヨ)	行けません
못 먹어요 (モン モゴヨ)	食べられません
못 마셔요 (モン マショヨ)	飲めません
못 봐요 (モッ ポァヨ)	見られません

안 가요 (アン カヨ)	行きません
안 먹어요 (アン モゴヨ)	食べません
안 마셔요 (アン マショヨ)	飲みません
안 봐요 (アン ポァヨ)	見ません

MEMO

「못」否定文は、やりたいけど出来ない不可能（〜できない）を意味しますが、「안」否定文は、自分の意志としてやらないこと（〜しない）を意味します。

EPISODE 4

어디 묵을까요?
どこに泊まりましょうか?

묵을까요? VS 묻을까요?

旅行先で・・・

OK

어디 묵을까요?

行こう！
行こう!!

NG

어디 묻을까요?

キョロキョロ

第５章　旅行

CD-30

EXERCISE

ㄱ

オディ　ムグルッカヨ
어디 묵을까요?
どこに泊まりましょうか？

オディソ　チャルッカヨ
어디서 잘까요?
どこで寝ましょうか？

ㄷ

オディ　ムドゥルッカヨ
어디 묻을까요?
どこに埋めましょうか？

オディエ　スムギルッカヨ
어디에 숨길까요?
どこに隠しましょうか？

MEMO

「泊まる」は、韓国語で「묵다」ですが、「자다（寝る）」、「숙박하다（宿泊する）」とも言います。

また、「〜泊〜日」を表す場合、日本語と同様に漢数詞を使います。

1泊2日：일박이일　　2泊3日：이박삼일
3泊4日：삼박사일　　4泊5日：사박오일
5泊6日：오박육일　　6泊7日：육박칠일
7泊8日：칠박팔일　　8泊9日：팔박구일

関連用語

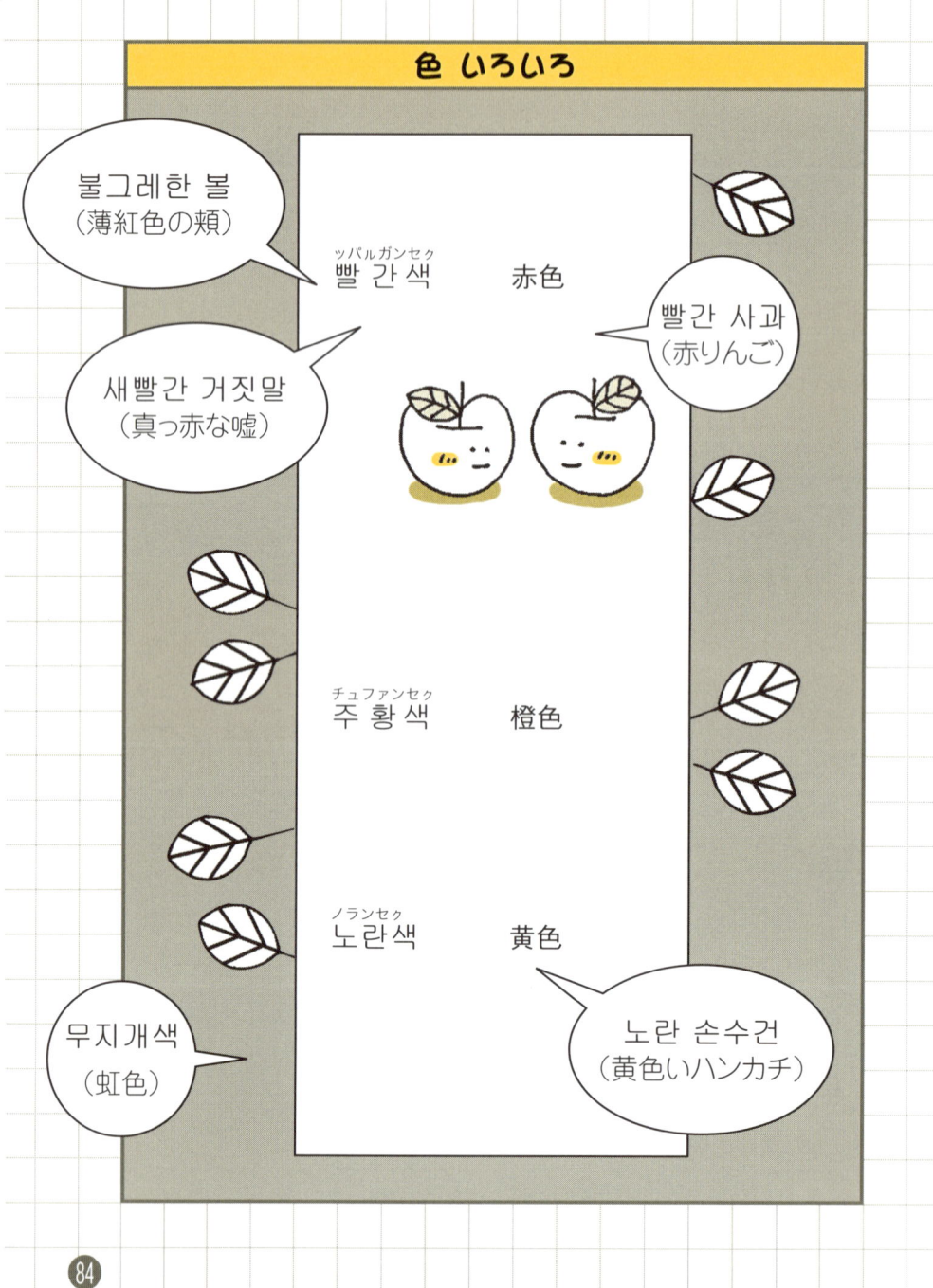

色 いろいろ

빨간색 (ッパルガンセク)　赤色

- 불그레한 볼（薄紅色の頬）
- 새빨간 거짓말（真っ赤な嘘）
- 빨간 사과（赤りんご）

주황색 (チュファンセク)　橙色

노란색 (ノランセク)　黄色

- 무지개색（虹色）
- 노란 손수건（黄色いハンカチ）

色 いろいろ

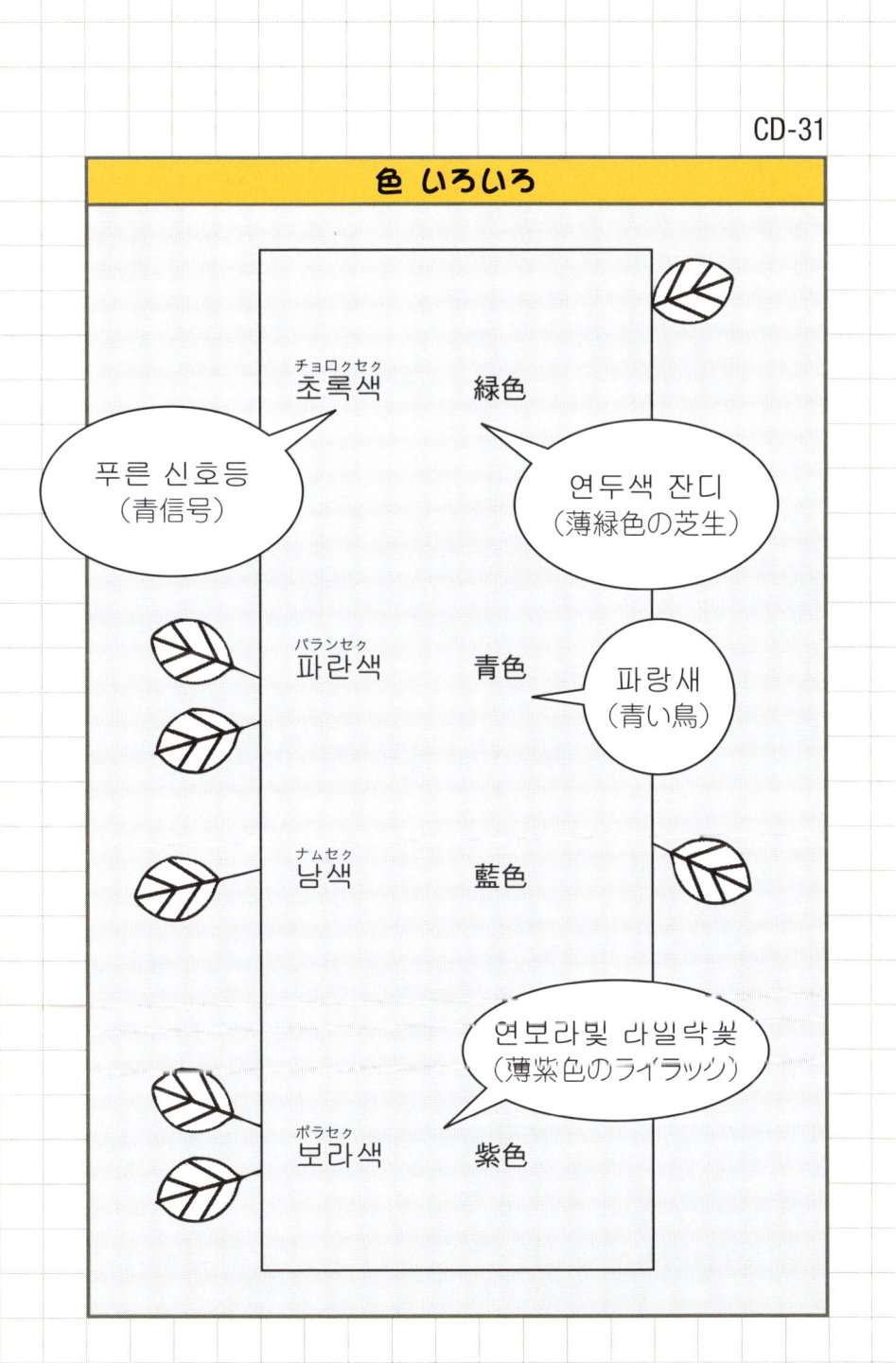

초록색 (チョロクセク)　緑色

푸른 신호등
（青信号）

연두색 잔디
（薄緑色の芝生）

파란색 (パランセク)　青色

파랑새
（青い鳥）

남색 (ナムセク)　藍色

연보라빛 라일락꽃
（薄紫色のライラック）

보라색 (ポラセク)　紫色

COLUMN

空耳

　衝（笑？）撃的なＣＭで、すっかりお馴染みとなったチャン・ドンゴンの「スキダカラ〜」。この「好きだから」、韓国人には「スキー磨け〜」って聞こえます。いわゆる空耳です。

　それでは、次の韓国語は、何に聞こえますか？

1. 고구마（サツマイモ）〔コグマ〕 ……………………… 小熊
2. 다 말해（全部言え）〔タ マレ〕 ……………………… 黙れ
3. 공부（勉強）〔コンブ〕 ……………………………… 昆布
4. 하겠다（する（意志））〔ハゲッタ〕 ………………… ハゲた
5. 아내（妻）〔アネ〕 …………………………………… 姉
6. 올해（今年）〔オレ〕 ………………………………… おれ
7. 뭐예요（何ですか）〔ムォエヨ〕 …………………… 萌え〜

환청

　충격 (?) 적인 CM으로 완전히 친숙해진 장동건의 「スキダカラ〜」. 이 「好きだから〜」가 한국인에게는 「スキ（スキー）닦아라（磨け）〜」라고 들려요. 이른바 환청이지요.

　그럼 다음 한국어들은 뭐라고 들려요?

8. 귀거리（イヤリング） ························· 木こり
   クィゴリ
9. 소리（音） ····························· とり
   ソリ
10. 이 새끼（この野郎） ················· 移籍
    イ セッキ
11. 유리（ガラス） ······················ 百合
    ユリ
12. 싫어（いやだ） ············· 〜しろ（命令）、白
    シロ
13. 어깨（肩） ················· オッケー、おけ
    オッケ
14. 소쿠리（ざる、かご） ················· そっくり
    ソクリ

休

말이 씨 된다
言葉が種となる
（言葉に魂が宿る：言霊）

第6章
韓国語の授業で①

会話の授業での出来事。
タクヤたちの間違い、
皆さんはすぐに分かりましたか？

EPISODE 1 향수냄새가 나요
香水の香りがします

향수 VS 형수

先生からは・・・

OK

향수 냄새가 나요

いい香り〜

NG

형수 냄새가 나요

CD-33

EXERCISE

향

<ruby>향수냄새가<rt>ヒャンスネムセガ</rt></ruby> <ruby>나요<rt>ナヨ</rt></ruby>　香水の香りがします

<ruby>샴프냄새가<rt>シャムプネムセガ</rt></ruby> <ruby>나요<rt>ナヨ</rt></ruby>　シャンプーの匂いがします

<ruby>비누냄새가<rt>ピヌネムセガ</rt></ruby> <ruby>나요<rt>ナヨ</rt></ruby>　石けんの匂いがします

형

? <ruby>형수냄새가<rt>ヒョンスネムセガ</rt></ruby> <ruby>나요<rt>ナヨ</rt></ruby>　? 義理の姉の匂いがします

<ruby>좋은 냄새가<rt>チョウン ネムセガ</rt></ruby> <ruby>나요<rt>ナヨ</rt></ruby>　いい匂いがします

<ruby>나쁜 냄새가<rt>ナップン ネムセガ</rt></ruby> <ruby>나요<rt>ナヨ</rt></ruby>　悪い臭いがします

MEMO

　日本語では「匂い」も「音」も「する」を使いますが、韓国語では「하다（する）」ではなく「냄새가 나다, 소리가 나다」のように「나다（出る）」と言います。

　また、「匂い」は「냄새」ですが、「香り」は「향기」と言います。「김치 냄새（キムチの匂い）」、「음식 냄새（食べ物の匂い）」、「향수향기（香水の香り）」、「꽃향기（花の香り）」などのように、使い分けは日本語と一緒です。

EPISODE 2 빨래했어요
洗濯しました

빨래 VS 발레

昨日、何をしましたか?

어제 한 일

OK
빨래했어요

NG
발레했어요

えっ? 趣味がバレエ?
見てみたいかも♡

EXERCISE

ッパルレヘッソヨ
빨래했어요 洗濯しました

セタケッソヨ
세탁했어요 洗濯しました

チョンソヘッソヨ
청소했어요 掃除しました

パルレヘッソヨ
발레했어요 バレエしました

ノングヘッソヨ
농구했어요 バスケしました

チョギンヘッソヨ
죠깅했어요 ジョギングしました

MEMO

「빨」と「발」の発音、「래」と「레」の発音の違いがポイントです。「빠」は、のどを緊張させ、「かっぱ」の「っぱ」を発音するつもりで発音しましょう。「레」は日本語の「レ」の発音と同じですが、「래」の場合は、唇を横に引いて「レ」と発音しましょう。

EPISODE 3

여자이기 때문에 자주 싸워요
女だからよく喧嘩します

여자이기 때문에 VS 여자 때문에

私は・・・

OK

여자이기 때문에 자주 싸워요

また仲直りしたのー？

NG

여자 때문에 자주 싸워요

やった！

第6章　韓国語の授業で①

CD-35

EXERCISE

여자이기 때문에 자주 싸워요
（ヨジャイギ　ッテムネ　チャジュ　ッサウォヨ）

女だからよく喧嘩します

여자 때문에 자주 싸워요
（ヨジャ　ッテムネ　チャジュ　ッサウォヨ）

女のせいでよく喧嘩します

MEMO

「〜だから（理由）」は「〜이기 때문에」ですが、「〜のために・〜のせいで（理由・原因）」は「〜 때문에」と言います。そして、「〜のために（目的）」は、「〜를/을 위해서」です。つまり、
- ●「女だから（理由）」⇒「여자이기 때문에」
- ●「女のせいで（理由）」⇒「여자 때문에」
- ●「女のために（目的）」⇒「여자를 위해서」

また、「자주」と「잘」は、日本語では両方とも「よく」ですが、「자주」は「しばしば、しょっちゅう」の意味を、「잘」は「上手に、見事に」の意味を持っています。

EPISODE 4
긴장해서 못 잤어요
緊張して眠れませんでした

긴장 VS 김장

テストの前日・・・

OK
긴장해서 못 잤어요

NG
김장해서 못 잤어요

第6章　韓国語の授業で①

CD-36

EXERCISE

ㄴ
긴장해서 못 잤어요
キンジャンヘソ　モッ　チャッソヨ
緊張して眠れませんでした

ㅁ
김장해서 못 잤어요
キムジャンヘソ　モッ　チャッソヨ
キムチ漬けをして寝られませんでした

MEMO

　日本語の「ん」は、韓国語では「ㄴ,ㅁ,ㅇ」の三つの発音になります。たとえば、「긴」は「ぎんなん（銀杏）」の「ぎん」のように、舌先を上の歯茎の裏側につけて発音します。「김」は「ぎんみ（吟味）」の「ぎん」のように唇を結びながら発音します。また、「깅」は「キング」の「きん」のように、舌を奥に引っ込めながら発音します。舌先はどこにも触れません。

　ところで、「김장」とは、冬から来春にかけて食べるキムチを立冬前後に家族総出で一度に漬ける行事のことです。最近は家で作る人より買って食べる人が多くなりましたが、キムチ冷蔵庫は家庭の必需品であり、会社では「キムジャンボーナス」が出ます。また、気象庁は各地のキムチを漬けるのに最適な時期を「キムジャン前線」として発表しています。

EPISODE 5
밸런타인데이 때는 초콜릿과 함께 보석을 줘요
バレンタインデーにはチョコと一緒に宝石をあげます

보석 VS 버섯

バレンタインデーには・・・
彼女に
チョコと一緒に♡

OK
보석을 줘요

NG
버섯을 줘요

きのこ・・・♪
でかッ！

EXERCISE

ポソグル チュオヨ 보석을 줘요	宝石をあげます
ポソグル パダヨ 보석을 받아요	宝石をもらいます
ポソスル チュオヨ 버섯을 줘요	きのこをあげます
ポソスル パダヨ 버섯을 받아요	きのこをもらいます

MEMO

　「보석」と「버섯」のように、パッチム「ㄱ」と「ㅅ、ㄷ」は日本人学習者がよく間違う発音です。これらは全部、促音の「っ」のように詰まる音ですが、韓国語ではそれぞれ違う音です。「독 (毒)」と「돛 (帆)」、「곡 (曲)」と「곧 (すぐ)」の場合も同様です。「독 (毒)」は「特価 (とっか)」の「とッ」、「돛 (帆)」は「とった」の「とっ」を発音するつもりで発音します。また、「곡 (曲)」は「国家 (こっか)」の「こっ」、「곧 (すぐ)」は「凝った」の「こっ」を発音するつもりで発音します。舌の位置がポイントです。

　ちなみに、「あげます、くれます」は、韓国語では両方とも「줘요」と言い、「もらいます」は「받아요」と言います。

関連用語

家族 いろいろ

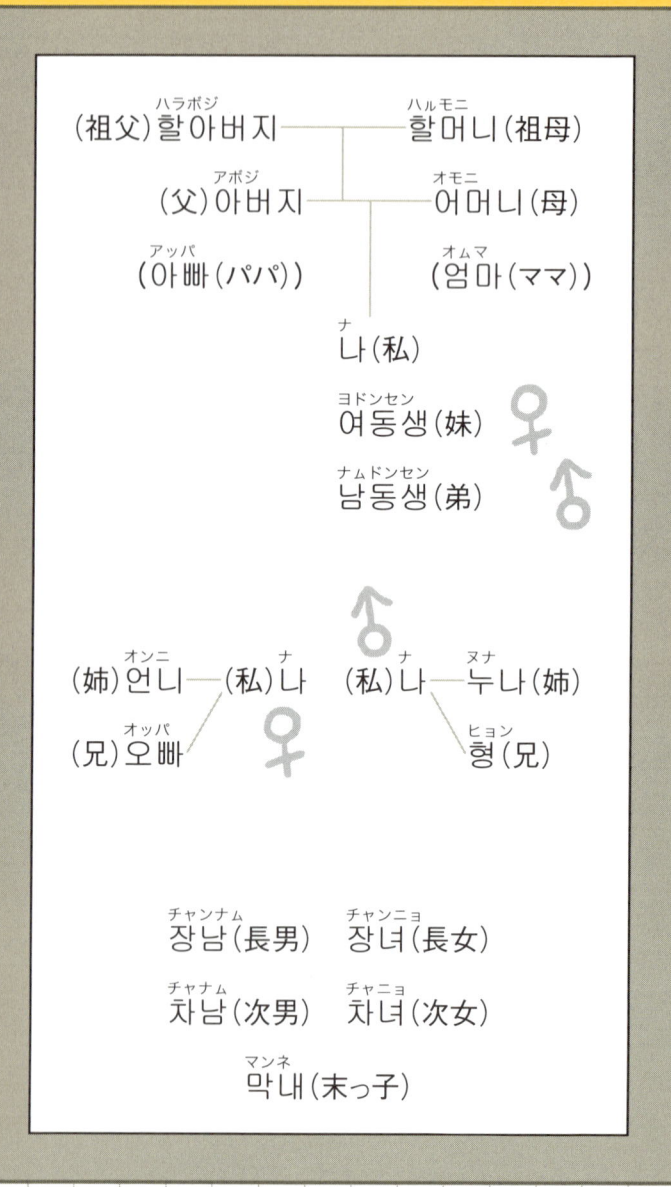

- (祖父)할아버지 [ハラポジ] ― 할머니(祖母) [ハルモニ]
- (父)아버지 [アボジ] ― 어머니(母) [オモニ]
- (아빠(パパ)) [アッパ] ― (엄마(ママ)) [オムマ]
- 나(私) [ナ]
- 여동생(妹) [ヨドンセン] ♀
- 남동생(弟) [ナムドンセン] ♂

- (姉)언니 [オンニ] ― (私)나 [ナ]   (私)나 [ナ] ― 누나(姉) [ヌナ]
- (兄)오빠 [オッパ]   형(兄) [ヒョン]

- 장남(長男) [チャンナム]   장녀(長女) [チャンニョ]
- 차남(次男) [チャナム]   차녀(次女) [チャニョ]
- 막내(末っ子) [マンネ]

第6章 韓国語の授業で①

CD-38

家族 いろいろ

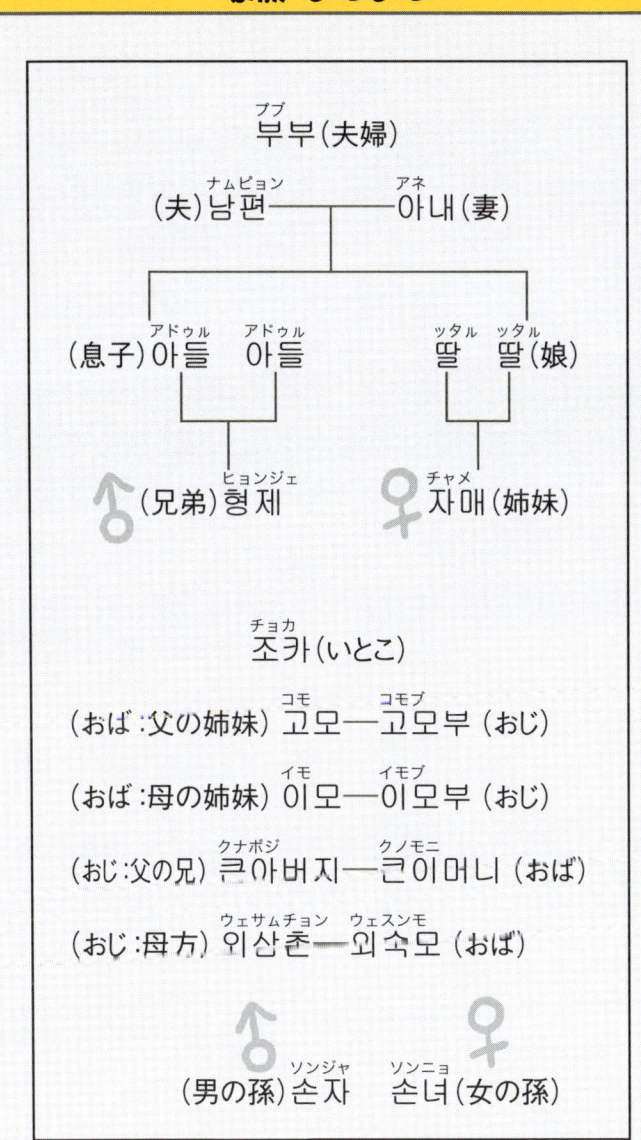

　　　　　　ブブ
　　　　　부부(夫婦)

　ナムピョン　　　　アネ
(夫)남편————아내(妻)

　　アドゥル　アドゥル　　　　ッタル　ッタル
(息子)아들　아들　　　딸　딸(娘)

　　　　　ヒョンジェ　　　　　　チャメ
♂(兄弟)형제　　　♀자매(姉妹)

　　　　　　チョカ
　　　　　조카(いとこ)

　　　　　　　　　コモ　　　コモブ
(おば:父の姉妹)고모——고모부(おじ)

　　　　　　　　　イモ　　　イモブ
(おば:母の姉妹)이모——이모부(おじ)

　　　　　　クナボジ　　クノモニ
(おじ:父の兄)큰아버지——큰어머니(おば)

　　　　　ウェサムチョン　ウェスンモ
(おじ:母方)외삼촌——외숙모(おば)

　　　　　　　　ソンジャ　　ソンニョ
♂(男の孫)손자　　손녀(女の孫)♀

COLUMN

オッパ(お兄さん)って呼んでごらん

　韓国では、血のつながった「お兄さん」だけでなく、学校の先輩、幼馴染、彼氏、夫までも自分より年上の場合は、全部「オッパ(お兄さん)」って呼ぶんです。

　「オッパ」という言葉は、血のつながった実の兄でなくても、親近感を感じる相手に使う言葉なんです。そこで、韓国の男性は親しい女の後輩や自分の彼女から「オッパ」と呼ばれたがります。特に、妹のいない男性の「オッパ」に対する憧れは並大抵ではないようで、なかなか「オッパ」と呼んでくれない後輩や彼女に「オッパって呼んでごらん」とねだる場合も多いです。

　また、自分の好きなスターを「オッパ」と呼ぶ女性ファンも多いです。けれども、自分より年下の若いスターを素直に「オッパ」って呼べないファンも多いはずですよね (^-^)。

오빠라고 불러봐

　한국에서는 친오빠뿐만 아니라 학교 선배, 소꿉친구, 남자친구, 남편까지도 자기보다 나이가 많으면 전부「오빠」라고 불러요.

　「오빠」라는 말은 친오빠가 아니더라도 친근감을 느끼는 상대에게 사용하는 말이에요. 그래서 한국남자들은 친한 여자후배나 여자친구한테「오빠」라고 불리고 싶어해요. 특히 여동생이 없는 남자들은「오빠」에 대한 동경이 아주 커서 좀처럼 오빠라고 불러주지 않는 여자후배나 여자친구한테 "오빠라고 불러봐"라고 부탁하는 경우두 많답니다.

　또 자기가 좋아하는 스타를「오빠」라고 부르는 여자팬들도 많아요. 하지만 자기보다 나이가 어린 스타를 「오빠」라고 선뜻 부르지 못하는 팬들도 많이 있겠죠? (^-^)

内 사전에 불가능이란 없다
我輩の辞書に不可能という文字はない
(by ナポレオン)

第7章
買い物

最近、
ハプニング続きで、
ちょっぴり凹んでいたともこちゃん。
気晴らしに買い物に出かけました。
さて、
さて、
お目当てのものは無事買えたのでしょうか。

EPISODE 1

뭐가 달라요?
何が違いますか？

달라요? VS 달아요?

カフェで・・・

OK
뭐가 달라요?

これはね、アメリカンで これは・・・

NG
뭐가 달아요?

はい、全部甘ーいですよー

あまーい

EXERCISE

뭐가 달라요? (ムォガ タルラヨ)　　何が違いますか？

뭐가 맛있어요? (ムォガ マシッソヨ)　　何が美味しいですか？

뭐가 달아요? (ムォガ タラヨ)　　どっちが甘いですか？

뭐가 안 달아요? (ムォガ アン タラヨ)　　どっちが甘くないですか？

MEMO

「달라요」と「달아요」は、パッチム「ㄹ」がポイントになります。「달아요」は「달」の後ろに母音「아」が来るので、リエゾンして［다라요］と発音します。次の例も同様に、右側の方が連音化します。

- 「들려요（聞こえます）」：「들어요（（手に）持ちます）」
- 「걸려요（かかります）」：「걸어요（歩きます）」
- 「놀라요（驚きます）」　：「놀아요（遊んでいます）」
- 「잘라요（切ります）」　：「잘아요（細かいです）」

ちなみに、「何が」は、「무엇이」と言いますが、会話では縮約されて、「뭐가」と言います。

EPISODE 2

이 바지 입어봐도 돼요?
このパンツ、試着してみてもいいですか？

입어봐도 VS 신어봐도

デニムパンツ売り場で・・・

何がいいかなぁ

OK	NG
입어봐도 돼요?	신어봐도 돼요?

はい、どうぞ！
こちらでーあ

いや、ちょっと
困りますー！

EXERCISE

입어봐도 돼요?
<small>イボボァド　トェヨ</small>

試着してみてもいいですか？

코트를 입어요 　　コートを着ます
<small>コトゥルル　イボヨ</small>

스커트를 입어요 　　スカートをはきます
<small>スコトゥルル　イボヨ</small>

신어봐도 돼요?
<small>シノボァド　トェヨ</small>

（靴のように）履いてみてもいいですか？

양말을 신어요 　　靴下を履きます
<small>ヤンマルル　シノヨ</small>

구두를 신어요 　　靴を履きます
<small>クドゥルル　シノヨ</small>

MEMO

　韓国語の場合、服は上下関係なく全部「입다（着る）」と言います。「신다（履く）」は、「靴、靴下、ストッキング」のように足に履く場合にしか使いません。

　また、「～してみてもいいですか」は、「～해 봐도 돼요?」ですが、「～してもいいですか」は、「～해도 돼요?」と言います。たとえば、「입어도 돼요?（着てもいいですか）」「신어도 돼요?（履いてもいいですか）」。

おまけ／お出かけ

着

향수를 뿌려요 (香水をつけます)

모자를 써요 (帽子をかぶります)

(콘택트) 렌즈를 껴요 (コンタクトをします)

선글라스를/안경을 써요 (サングラスを/メガネをかけます)

화장을 해요 (化粧をします)

귀고리를 해요 (イヤリングをします)

넥타이를 매요 (ネクタイをします)

목걸이를 해요 (ネックレスをします)

브로치를 달아요 (ブローチをします)

반지를 껴요 (指輪をはめます)

장갑을 껴요 (手袋をはめます)

블라우스를 입어요 (ブラウスを着ます)

치마를 입어요 (スカートをはきます)

스타킹을 신어요 (ストッキングを履きます)

구두를 신어요 (靴を履きます)

第 7 章　買い物

모자를 벗어요 （脱ぎます）

(콘택트) 렌즈를 빼요 （はずします）

선글라스를 / 안경을 벗어요 （取ります）

화장을 지워요 （落とします）

귀고리를 빼요 （取ります）

넥타이를 풀어요 （はずします）

목걸이를 풀어요 （はずします）

브로치를 빼요 （取ります）

반지를 빼요 （はずします）

장갑을 빼요 （取ります）

블라우스를 벗어요 （脱ぎます）

치마를 벗어요 （脱ぎます）

스타킹을 벗어요 （脱ぎます）

구두를 벗어요 （脱ぎます）

脱

EPISODE 3 좀 깎아 주세요
ちょっとまけてください

깎아 주세요

八百屋で・・・

OK

좀 깎아 주세요

はいよ、サービスです♡

NG

좀 깎아 주세요

韓国ではりんご剝いてくれるのー

第7章 買い物

CD-42

EXERCISE

_{チョム ッカッカ チュセヨ}
좀 깎아 주세요 ちょっとまけてください

_{チョヌォンマン ッカッカ チュセヨ}
천원만 깎아 주세요　千ウォンだけまけてください

_{マヌォンマン ッカッカ チュセヨ}
만원만 깎아 주세요　一万ウォンだけまけてください

_{チョム ッカッカ チュセヨ}
좀 깎아 주세요 ちょっと剥いてください

_{サグァ チョム ッカッカ チュセヨ}
사과 좀 깎아 주세요　りんごをちょっと剥いてください

_{ペ チョム ッカッカ チュセヨ}
배 좀 깎아 주세요　梨をちょっと剥いてください

MEMO

「まける」も「剥く」も、韓国語では「깎다」と言います。
　ところが、「剥く」は、「벗기다」、「까다」とも言い、次のように使い分けています。
- 「깎다」は、「りんご、梨を剥く」のように、ナイフなどで皮や表面を剥くことです。手では皮と中身を分離できません。
- 「까다」は、「バナナの皮、みかんの皮をむく」のように、中身を取り出すために皮を剥くことです。手でも皮と中身が分離できます。
- 「벗기다」は、ほぼ「까다」と同様に使えますが、「帽子を脱がす」のように「脱がす」の意味も持っています。

EPISODE 4

사과가 상했어요
りんごが傷んでいます

상했어요 VS 아파요

八百屋で・・・

OK

사과가 상했어요

안녕
こんにちは

NG

사과가 아파요

EXERCISE

^{サグァガ} ^{サンヘッソヨ}
사과가 상했어요
りんごが傷んでいます

^{マウミ} ^{サンヘッソヨ}
마음이 상했어요
心が痛みました

^{サグァガ} ^{アパヨ}
?사과가 아파요
?りんごが具合が悪いです

^{アイガ} ^{アパヨ}
아이가 아파요
子供が具合が悪いです

MEMO

　食べ物や果物が悪くなっている場合は、「상하다（傷む）」と言います。「아프다（痛い、痛む）」は、「頭、お腹、手などが痛い」場合や「体の具合が悪い」場合を言います。

　ところが、日本語では「子供が痛いです（×）」とは言いませんが、韓国語では、「子供の具合が悪いです」の意味で「아이가 아파요（子供が痛いです）」と言います。

《いろんな果物（여러 가지 과일）》

| 사과（りんご） | 딸기（イチゴ） | 수박（スイカ） | 배（梨） |
| 바나나（バナナ） | 복숭아（桃） | 포도（ブドウ） | 감（柿） |

EPISODE 5
콜라 주세요
コーラください

콜라 VS 골라

コンビニで・・・

어서 오세요~!

OK

콜라 주세요

맛있게 드세요

NG

골라 주세요

커피 못 마시는데…

第7章　買い物

CD-44

EXERCISE

ㅋ

コルラ　チュセヨ	
콜라 주세요	コーラください
ムル　チュセヨ	
물 주세요	水ください
ウユ　チュセヨ	
우유 주세요	牛乳ください
コピ　チュセヨ	
커피 주세요	コーヒーください

ㄱ

コルラ　チュセヨ	
골라 주세요	選んでください
ソ　チュセヨ	
써 주세요	書いてください
ビルリョ　チュセヨ	
빌려 주세요	貸してください
キダリョ　チュセヨ	
기다려 주세요	待ってください

MEMO

「콜라」の「콜」は、息が激しく出る音ですが、このように息が激しく出るものには他に次のようなものがあります。

- 「칸（間）」　：「간（肝）」
- 「쿵（どすん）」：「궁（宮）」
- 「키읔（ㅋ）」　：「기역（ㄱ）」

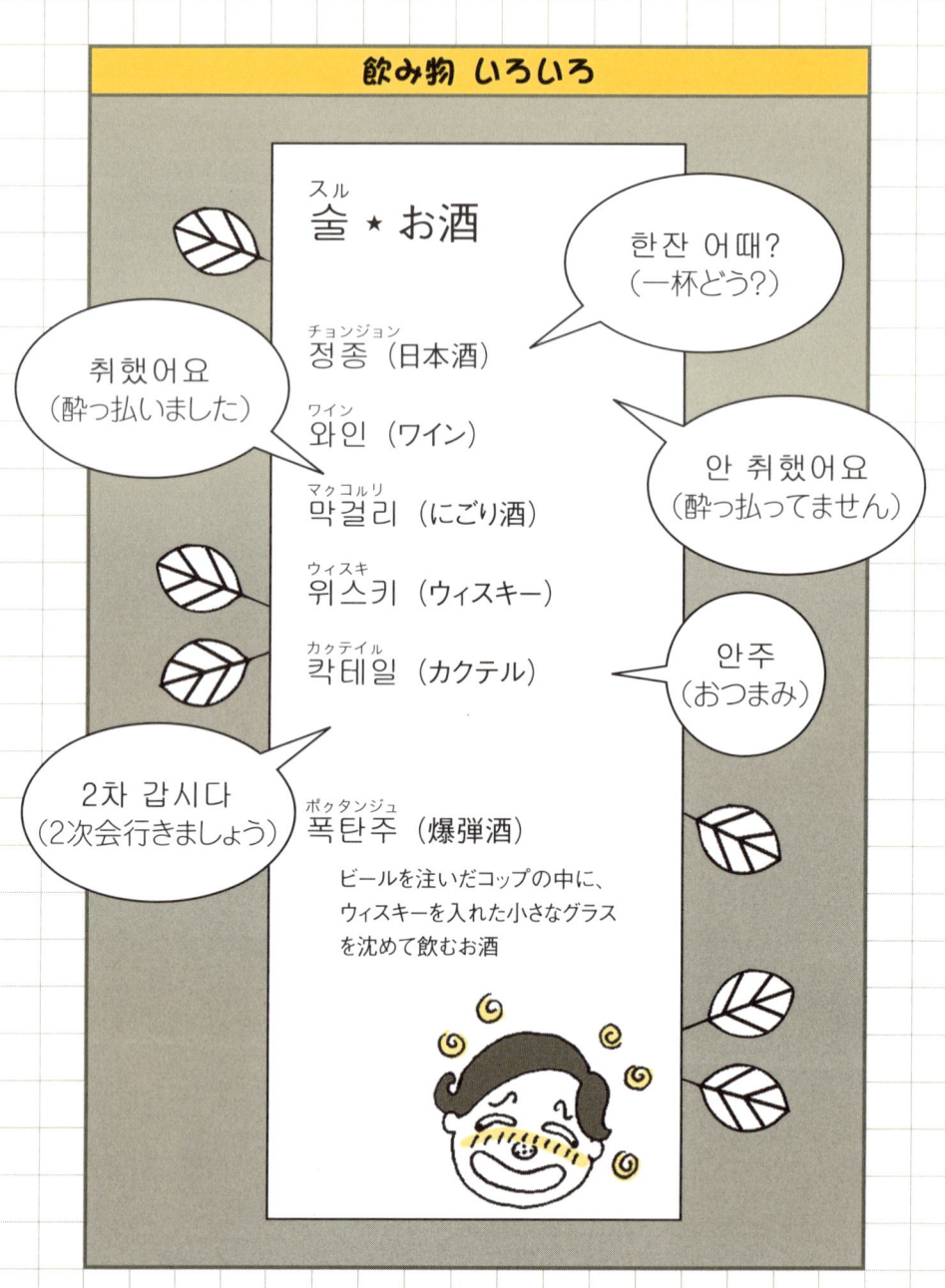

関連用語

飲み物 いろいろ

^{スル}
술 ★ お酒

^{チョンジョン}
정종 （日本酒）

^{ワイン}
와인 （ワイン）

^{マッコルリ}
막걸리 （にごり酒）

^{ウィスキ}
위스키 （ウィスキー）

^{カクテイル}
칵테일 （カクテル）

^{ポクタンジュ}
폭탄주 （爆弾酒）

ビールを注いだコップの中に、ウィスキーを入れた小さなグラスを沈めて飲むお酒

- 한잔 어때?
（一杯どう？）
- 취했어요
（酔っ払いました）
- 안 취했어요
（酔っ払ってません）
- 안주
（おつまみ）
- 2차 갑시다
（2次会行きましょう）

飲み物 いろいろ

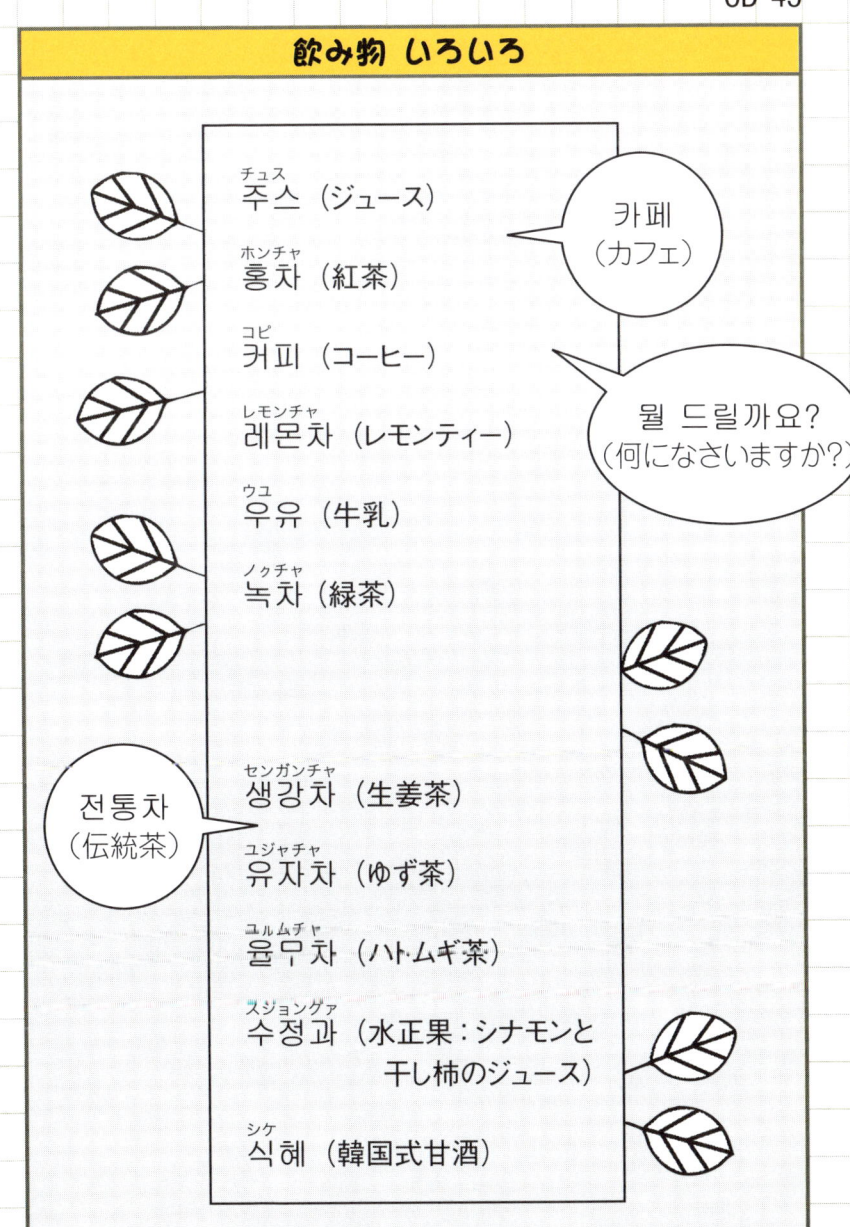

주스 (ジュース)
_{チュス}

홍차 (紅茶)
_{ホンチャ}

커피 (コーヒー)
_{コピ}

레몬차 (レモンティー)
_{レモンチャ}

우유 (牛乳)
_{ウユ}

녹차 (緑茶)
_{ノクチャ}

생강차 (生姜茶)
_{センガンチャ}

유자차 (ゆず茶)
_{ユジャチャ}

율무차 (ハト・ムギ茶)
_{ユルムチャ}

수정과 (水正果：シナモンと干し柿のジュース)
_{スジョングァ}

식혜 (韓国式甘酒)
_{シケ}

- 카페 (カフェ)
- 뭘 드릴까요? (何になさいますか?)
- 전통차 (伝統茶)

COLUMN

辞書に載っていない表現①

　日常よく使われている表現であっても、辞書には載っていない表現があります。特に、新造語、俗語などがそうですが、これらの表現は、いくら辞書を調べても出てこないですよね。ここでは、このような表現を見てみましょう。

1. 속도위반 결혼（スピード違反結婚）
　……………………………………できちゃった結婚
2. 심심풀이 땅콩（暇つぶしのピーナツ）
　……………………………………時間つぶしの人や物
3. 작업（作業）……………………………………ナンパ
4. 번개（稲妻）……………………………急な約束のこと
　　　　　　　　　　（雷のように急であることから）
5. 문자씹기（文字噛み）
　……………………受信メールを無視し、返信しないこと
6. 삽질（シャベルで掘ったり、すくったりする仕事）
　…………………………………………………無駄骨
7. 기러기 아빠（雁パパ）
　……教育のため、子供と母親を外国に送り、一人
　　　韓国に単身残留し、生活費を送っている父親
8. 무지개매너（虹のマナー）
　…………무지（とても）＋개매너（犬のマナー）・
　　　とてもマナーがないこと
9. 대박 ………………………………… 大儲け、大ヒット

사전에 없는 표현①

평소 많이 쓰이는 표현이라도 사전에는 나오지 않는 표현이 있어요. 특히 신조어, 속어 등이 그러한데, 이러한 표현은 아무리 사전을 찾아봐도 나오지 않지요? 여기서는 이러한 표현을 살펴봅시다.

10. 닭살（鳥肌）
    ……………アツアツ、ラブラブなカップルを見た時や、くさいせりふを聞いた時に使う言葉・「甘～い」って感じ

11. 깨가 쏟아진다（ゴマがこぼれ落ちる）
    ＝참기름 냄새가 나다（ゴマ油の匂いがする）
    ………………新婚さんのアツアツ、ラブラブぶり

12. 당근이지（にんじんだよ）
    ＝말밥이지（馬のえさだよ）
    ……………… もちろんだよ（당연하지（当然だ））

13. 꿀꿀하나
    …………天気・気分がすっきりしない、気分がブルーだ（ちなみに、꿀꿀は豚の鳴き声）

14. 쏘다（打つ）……………………………………おごる

15. 필름이 끊기다（フィルムが切れる）
    …………………………お酒の飲みすぎで、記憶が飛ぶ

16. 재수없다（運がない）
    ……… 運（재수）がない・ついてない・むかつく

休

가장 큰 실수는 포기하는 것
一番の大きな失敗は諦めること

第8章
友達とおしゃべり

ユナちゃん達とは大の仲良しのともこちゃん。
たま～に変なことを言ってしまうんですが、
そこが可愛いともこちゃんです。

EPISODE 1

발이 넓어요
顔が広いです

발이 넓어요 VS 얼굴이 넓어요

たくやは…

OK	NG
발이 넓어요	얼굴이 넓어요

おーい！

안녕! 잘 지내~? 안녕~

ほら、広いでしょー？

EXERCISE

발이 넓어요　顔が広いです
（パリ　ノルボヨ）

얼굴이 넓어요　顔の面積が広いです
（オルグリ　ノルボヨ）

MEMO

　「顔が広い」は、韓国語に直訳すると、「얼굴이 넓어요」ですが、この「얼굴이 넓어요」は顔の面積が広いことを意味します。「顔が広い」は、韓国語では「발이 넓어요（足が広い）」と言います。

　韓国語の言い回しには、もちろん「足が速い⇒발이 빠르다」のように単に直訳するだけで日本語と同じ意味になるものもありますが、「顔が広い」のように、全く違う意味になるものもあります。たとえば、「手を焼く（直訳：손을 굽다（手を魚のように焼く））」は「애를 먹다（苦労を食べる）」、「足を洗う（直訳：발을 씻다（足を実際に洗う））」は「손을 씻다（手を洗う）」と言います。

　また、「손이 크다（直訳：手が大きい）⇒気前がよい」、「손이 맵다（直訳：手が辛い）⇒パンチやビンタがきつい」、「한눈 팔다（直訳：一目を売る）⇒よそ見をする」のように、韓国語を日本語に直訳すると全く違う意味になるものもあります。

EPISODE 2

A씨 같은 여자가 되고 싶어요
Aさんみたいな女になりたいです

A씨 같은 VS A씨 처럼

私も・・・ Aさん

OK

A씨 같은 여자가 되고 싶어요

ステキ♡

NG

A씨 처럼 여자가 되고 싶어요

女になりました!!

第8章　友達とおしゃべり

CD-48

EXERCISE

<ruby>A 씨<rt>エイッシ</rt></ruby> <ruby>같은<rt>カトゥン</rt></ruby> <ruby>여자가<rt>ヨジャガ</rt></ruby> <ruby>되고<rt>トェゴ</rt></ruby> <ruby>싶어요<rt>シポヨ</rt></ruby>

　　Aさんのような女になりたいです

<ruby>B 씨<rt>ビッシ</rt></ruby> <ruby>같은<rt>カトゥン</rt></ruby> <ruby>남자가<rt>ナムジャガ</rt></ruby> <ruby>되고<rt>トェゴ</rt></ruby> <ruby>싶어요<rt>シポヨ</rt></ruby>

　　Bさんのような男になりたいです

<ruby>A 씨<rt>エイッシ</rt></ruby> <ruby>처럼<rt>チョロム</rt></ruby> <ruby>여자가<rt>ヨジャガ</rt></ruby> <ruby>되고<rt>トェゴ</rt></ruby> <ruby>싶어요<rt>シポヨ</rt></ruby>

　　Aさんのように女になりたいです

<ruby>B 씨<rt>ビッシ</rt></ruby> <ruby>처럼<rt>チョロム</rt></ruby> <ruby>남자가<rt>ナムジャガ</rt></ruby> <ruby>되고<rt>トェゴ</rt></ruby> <ruby>싶어요<rt>シポヨ</rt></ruby>

　　Bさんのように男になりたいです

MEMO

　「～のような、みたいな」は「～ 같은」、「～のように」は「～ 처럼」です。これらは似たような意味ですが、使い方を間違えると全然違う意味になってしまいます。
　ちなみに、「～ 처럼」は、「～ 같이」に入れ替えることができます。たとえば、「A 씨 같이 되고 싶어요（A さんのようになりたいです）」。

EPISODE 3

친한 사이예요
親しい仲です

친한 사이 VS 진한 사이

タクヤ君とは・・・

OK	NG
친한 사이예요	진한 사이예요

EXERCISE

ㅊ
- 친한 사이예요 — 親しい間柄です
- 친한 친구예요 — 親しい友人です
- 친한 선배예요 — 親しい先輩です

ㅈ
- 진한 사이예요 — 恋仲です
- 진한 커피예요 — 濃いコーヒーです
- 진한 술이에요 — アルコール濃度の高いお酒です

MEMO

「친한」の「친」は、息を激しく出す音なので、手のひらを口元に当てて息が出ることを確認しながら、発音すればよいでしょう。

韓国では、仲の良い女の友達同士でよく手をつないで歩いたりしますが、もちろん、彼女達は「진한 사이 (恋仲)」ではなく、「친한 사이 (親しい仲)」です。韓国人は、友達同士でもボディタッチなどのスキンシップが多いので、それに慣れてない日本人はびっくりするかもしれませんね。

ちなみに、「사이」は、「친구 사이 (友達同士)」、「연인 사이 (恋人同士)」、「하늘과 땅 사이 (天地の間)」のように使います。

EPISODE 4 여자친구가 생겼어요
彼女ができました

생겼어요 VS 됐어요

僕・・・

OK

여자친구가 생겼어요

うらやましいー!

→ 彼女

NG

여자친구가 됐어요

好き♡

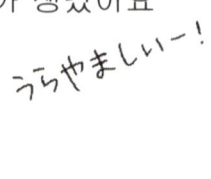

第8章　友達とおしゃべり

CD-50

EXERCISE

여자친구가 생겼어요
_{ヨジャチングガ　センギョッソヨ}

彼女ができました

남자친구가 생겼어요
_{ナムジャチングガ　センギョッソヨ}

彼氏ができました

여자친구가 됐어요
_{ヨジャチングガ　トェッソヨ}

彼女になりました

남자친구가 됐어요
_{ナムジャチングガ　トェッソヨ}

彼氏になりました

MEMO

韓国語では、「できる」を、次の「생기다」、「되다」、「할 수 있다」のように使い分けています。
- 「友達が（친구가）／お金が（돈이）／時間が（시간이）」
  ⇒「생겼어요（できました）」
- 「用意が（준비가）／ご飯が（밥이）」⇒「됐어요（できました）」
- 「韓国語が（한국어를）／運転が（운전을）」
  ⇒「할 수 있어요（できます）」

ちなみに、「できる人」は「능력있는 사람（能力のある人）」と言い、「できた人」は「된 사람（人格者）」と言います。

EPISODE 5

코묻은 돈
幼い子供のお小遣い

코묻은 돈

妹の・・・
동생 →

OK

お金持ってる？
お姉ちゃんにちょっと貸して！
코묻은 돈

ひどいね…

NG

코묻은 돈

お茶代、私のも払っといて―
イヤだ…！汚ないじゃん！

EXERCISE

코묻은 돈 (コムドゥン トン)	幼い子供のお小遣い程度の少ないお金
더러운 돈 (トロウン トン)	汚いお金（不正なお金）
깨끗한 돈 (ッケックタン トン)	（不正と関係ない）きれいなお金

코묻은 돈 (コムドゥン トン)	鼻水の付いたお金
더러운 돈 (トロウン トン)	（実際に）汚いお金
깨끗한 돈 (ッケックタン トン)	（実際に）きれいなお金

MEMO

「코묻은 돈」は、「幼い子供の小遣い程度の少ないお金」を意味します。一方、「汚いお金、きれいなお金」は、日本語と同様、二通りの意味があります。ちなみに、「お小遣い」は「용돈」と言います。

☆「鼻」と関連した言い回し☆
- 「코가 비뚤어지게 술을 마시다（鼻がよじれるほど酒を飲む）」
  ⇒つぶれるくらい酒を飲む。
- 「눈 감으면 코 베어 간다（目をつぶると、鼻を切り取っていく）」
  ⇒生き馬の目を抜く（険悪な世の中が信じられない）。

関連用語

数字 いろいろ

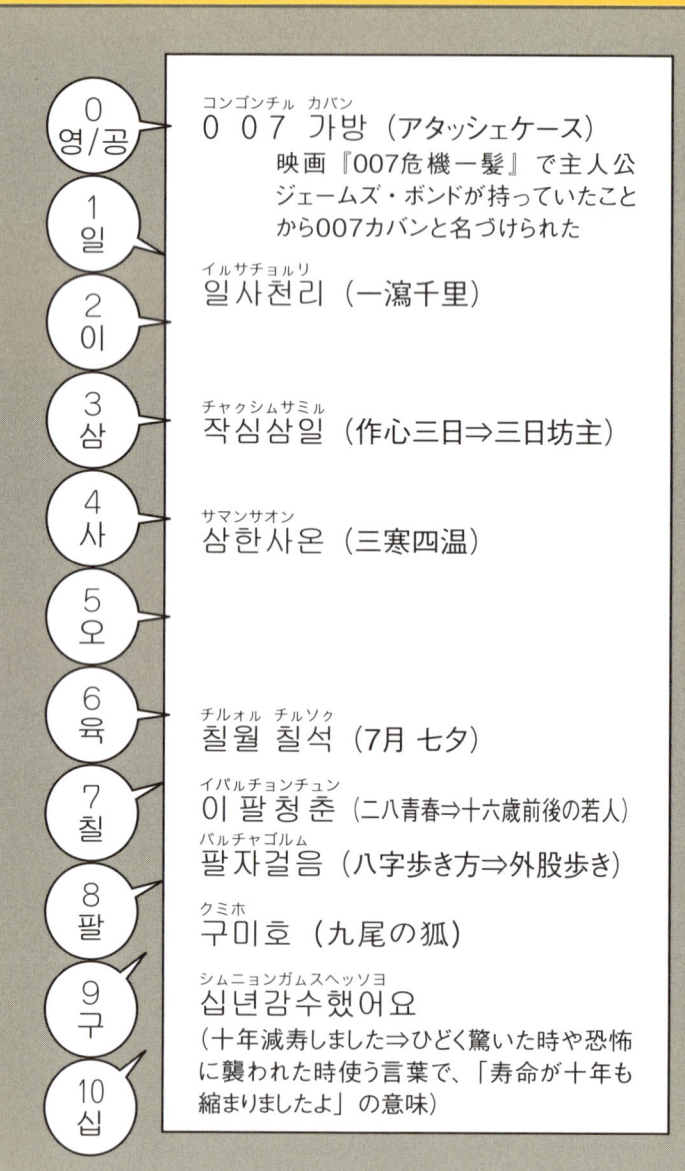

0 영/공

コンゴンチル カバン
００７ 가방 （アタッシェケース）
映画『007危機一髪』で主人公ジェームズ・ボンドが持っていたことから007カバンと名づけられた

1 일

2 이

イルサチョルリ
일사천리 （一瀉千里）

3 삼

チャクシムサミル
작심삼일 （作心三日⇒三日坊主）

4 사

サマンサオン
삼한사온 （三寒四温）

5 오

6 육

チルオル チルソク
칠월 칠석 （7月 七夕）

7 칠

イパルチョンチュン
이 팔 청춘 （二八青春⇒十六歳前後の若人）

8 팔

パルチャゴルム
팔자걸음 （八字歩き方⇒外股歩き）

クミホ
구미호 （九尾の狐）

9 구

シムニョンガムスヘッソヨ
십년감수했어요
（十年減寿しました⇒ひどく驚いた時や恐怖に襲われた時使う言葉で、「寿命が十年も縮まりましたよ」の意味）

10 십

第8章　友達とおしゃべり

CD-52

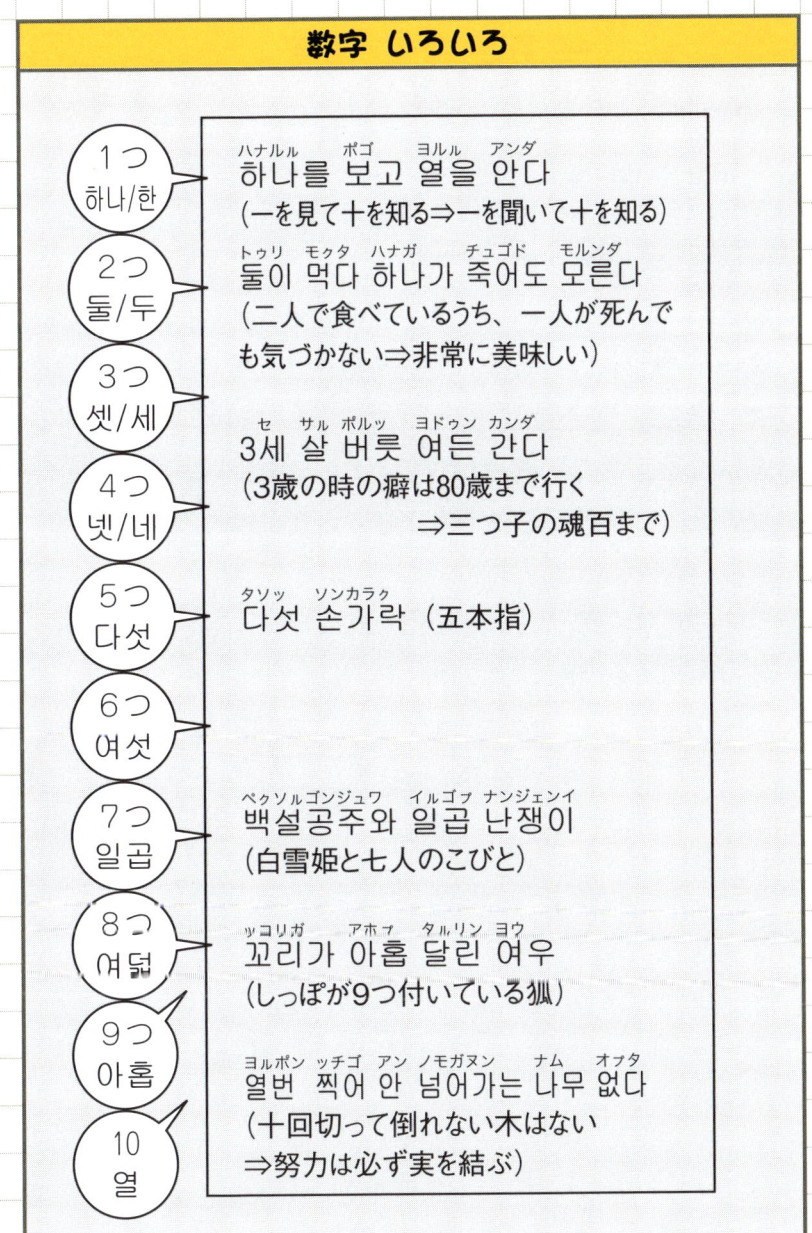

数字 いろいろ

- 1つ 하나/한
  하나를 보고 열을 안다
  ハナルル　ポゴ　ヨルル　アンダ
  (一を見て十を知る⇒一を聞いて十を知る)

- 2つ 둘/두
  둘이 먹다 하나가 죽어도 모른다
  トゥリ　モクタ　ハナガ　チュゴド　モルンダ
  (二人で食べているうち、一人が死んでも気づかない⇒非常に美味しい)

- 3つ 셋/세
  3세 살 버릇 여든 간다
  セ　サル　ポルッ　ヨドゥン　カンダ
  (3歳の時の癖は80歳まで行く⇒三つ子の魂百まで)

- 4つ 넷/네

- 5つ 다섯
  다섯 손가락 (五本指)
  タソッ　ソンカラク

- 6つ 여섯

- 7つ 일곱
  백설공주와 일곱 난쟁이
  ペクソルゴンジュワ　イルゴプ　ナンジェンイ
  (白雪姫と七人のこびと)

- 8つ 여덟
  꼬리가 아홉 달린 여우
  ッコリガ　アホプ　タルリン　ヨウ
  (しっぽが9つ付いている狐)

- 9つ 아홉
  열번 찍어 안 넘어가는 나무 없다
  ヨルボン　ッチゴ　アン　ノモガヌン　ナム　オプタ
  (十回切って倒れない木はない⇒努力は必ず実を結ぶ)

- 10 열

COLUMN

数字で学ぶ韓国語

　「4649：よろしく」、「1122：いい夫婦」、「889：はやく」、のような数字の語呂合わせは、韓国にもあります。こういった数字の語呂は日本と同様、「ポケベル」の全盛期によく使われていました。たとえば、「1004」は、数字の「1000（천）」と「4（사）」で、「천사」と言いますが、「천사」は「天使」でもあります。そこで、「1004」は、「あなたの天使から」という意味で彼女から彼氏へ送られる定番の語呂合わせでした。「1004」は、日本語で語呂合わせをしても「10→てん」、「04→シ」で「天使」になりますね。

　それでは、次の数字の語呂合わせを見て、どういう意味なのか考えてみましょうか。

1. 79（7：칠, 9：구） ……………………………… 친구（友達）
2. 0242（0：영, 2：이, 4：사, 2：이）
   ………………………………………… 연인사이（恋人関係）
3. 0279（0：영, 2：이, 7：칠, 9：구）
   ………………………………… 연인？ 친구？（恋人？友達？）
4. 0124（0：영, 1：one, 2：이, 4：사）
   ……………………………… 영원히 사랑해（永遠に愛してる）
5. 100003（10000：만, 3：세） ……………………… 만세（万歳）
6. 8282（8：팔, 2：이）…………………… 빨리빨리　（早く早く）

숫자로 배우는 한국어

「4649：よろしく」,「1122：いい夫婦」,「889：はやく」와 같은 의미있는 숫자는 한국에도 있어요. 이러한 숫자는 일본과 마찬가지로「삐삐 (무선호출기)」의 전성기 때 많이 사용했지요. 예를 들면「1004」는 숫자의「1000 (천)」과「4 (사)」를 써서「천사」라고 하는데「천사」는「天使」도 의미해요. 그래서「1004」는「당신의 천사로부터」라는 뜻으로 여자친구가 남자친구한테 보낼 때 자주 쓰던 숫자였어요.「1004」는 일본어에서도「10→てん」,「04→シ」니까「天使」가 되는군요.

그럼 다음 숫자들을 보면서 어떤 의미인지 생각해 볼까요?

7. 3535 (3：삼, 5：오) …… 사모사모 (思慕思慕：愛してる)
8. 1010235 (10：열, 10：열, 2：이, 3：삼, 5：오)
   …… 열렬히 사모 (熱烈に思慕)
9. 100024 (10002：만이, 4：사)
   …… 많이 사랑해 (たくさん愛してる)
10. 505 …………………………………………………… SOS
11. 9090 ………………………………………………… gogo
12. 100 (100：백) ………………………… 돌아와 (back)
13. 20000 (2：이, 10000：만) …… 이만 (では、この辺で)

休

시간은 금이다
時は金なり

第9章
乗り物

一人で街に出かけたともこちゃん。
ちょっぴり心細かったけど、
何とか無事に目的地へ着いたようです。

EPISODE 1

역이 어디예요?
駅はどこですか？

역이 어디예요? VS 여기 어디예요?

道で・・・

あの、すみません…
저기요…

OK

역이 어디예요?

저쪽이에요.
고맙습니다.

NG

여기 어디예요?

ここは明洞です
だから！明洞ですよ！
しつこいなー
여기가 어디예요?

CD-54

EXERCISE

역이 어디예요?（ヨギ オディエヨ）	駅はどこですか？
역이 멀어요?（ヨギ モロヨ）	駅が遠いですか？
역이 가까워요?（ヨギ カッカウォヨ）	駅が近いですか？

여기 어디예요?（ヨギ オディエヨ）	ここはどこですか？
거기 어디예요?（コギ オディエヨ）	そこはどこですか？
저기 어디예요?（チョギ オディエヨ）	あそこはどこですか？

MEMO

「역이」の場合、リエゾンが起こり、「여기」の発音と同じになります。したがって、会話の状況で分からない場合には、「역、이」のように、はっきり言うか、駅名（「ソウル駅」等）を言った方がよいでしょう。

《いろんな疑問詞》

언제（いつ）	어디서（どこで）	누가（誰が）
무엇을（何を）	어떻게（どのように）	왜（なぜ）

おまけ

韓国語の「てにをは」

韓国語の助詞「は、が、を」は、日本語と違って、助詞の直前にくる語に 終声（パッチム）があるかないかによって、次のように形が変わります。

① **は**：「는/은」
　　머리（終声×）⇒ 머리는（頭は）
　　손（終声〇）　⇒ 손은（手は）

② **が**：「가/이」
　　머리（終声×）⇒ 머리가（頭が）
　　손（終声〇）　⇒ 손이（手が）

③ **を**：「를/을」
　　머리（終声×）⇒ 머리를（頭を）
　　손（終声〇）　⇒ 손을（手を）

ところで、日本語の「は」は、韓国語では「는/은」に相当しますが、述語に疑問詞を含む疑問文では、「가/이」と訳される場合があります。たとえば、

- お名前は何ですか？　　⇒　이름이 뭐예요？
- お誕生日はいつですか？　⇒　생일이 언제예요？
- お宅はどこですか？　　⇒　집이 어디예요？
- 今日は何の日ですか？　⇒　오늘이 무슨 날이예요？

　一方、「に（에（場所）／에게（人））、も（도）、の（의）」などは、「학교에（学校に）」、「형에게（兄に）」「얼굴도（顔も）」、「머리의（頭の）」のように終声があるかないかによって形は変わりません。

EPISODE 2

괜찮아요
大丈夫です

괜찮아요 VS 좋아요

バスの中で・・・

お荷物、持ちましょうか

OK

괜찮아요

NG

좋아요

どろぼう—！

放すもんかっ！

EXERCISE

クェンチャナヨ
괜찮아요　　　　大丈夫です

チョアヨ
좋아요　　　　OKです

MEMO

「괜찮아요」は、「大丈夫です（問題ない、かまわない）」、または「悪くないです」を意味します。

一方、「좋아요」は、「好きです、OKです、いいですね（似合います）」の意味ですが、断る時の「いいです（結構です）」の意味としては使われません。

断る時の「いいです（結構です）」は、「됐어요」と言います。ただし、この「됐어요」は、日本語と同様に、場合やニュアンスによってはちょっと冷たい表現になるので、注意が必要です。

ちなみに、「～してもいいです（許可・許容）」の意味ならば、「～해도 괜찮아요」、「～해도 좋아요」、「～해도 돼요」のすべてが可能です。

EPISODE 3

속이 안 좋아요
気分が悪いです

속이 안 좋아요 VS 기분이 나빠요

バスの中で・・・

OK	NG
속이 안 좋아요	기분이 나빠요
どうしたの？	どうしたの？
車酔いかも…♪	私のせい？！

第9章　乗り物

CD-56

EXERCISE

<u>속</u>이 <u>안</u> <u>좋아요</u>
ソギ　アン　チョアヨ

　　（乗り物酔いをした時）気分が悪いです

<u>기분</u>이 <u>나빠요</u>
キブニ　　ナッパヨ

　　（機嫌が悪い時）むかついてます

MEMO

　韓国語の「기분」は、漢字も発音も日本語の「気分」と同じで、使い方も「기분이 좋다(気分がいい)」、「기분이 나쁘다（気分が悪い）」のように、日本語とよく似ています。

　ところが、日本語の「気分が悪い」が、「体調がすぐれない」ことだけでなく、「機嫌が悪い」ことをも表すのに対し、韓国語の「기분이 나쁘다」は、感情の状態が悪い時にしか使いません。乗り物酔いや胃がむかむかする時は、「속이 안 좋다」と言いましょう。

　ちなみに、車・船などの乗り物酔いをして、気分が悪くなった場合には、「속이 울렁거려요（むかむかします）」、「멀미가 나요（酔ってます）」、「멀미했어요（乗り物酔いをしました）」とも言います。

EPISODE 4

돈을 주웠어요
お金を拾いました

돈 VS 똥

駅で・・・

○○駅 総失物センター

すみませーん！

OK

돈을 주웠어요

NG

똥을 주웠어요

ここに持って来られてもなぁー
困るよ…

EXERCISE

돈

돈을 주웠어요 （トヌル チュウォッソヨ）　　お金を拾いました

지갑을 주웠어요 （チガブル チュウォッソヨ）　　財布を拾いました

똥

똥을 주웠어요 （ットンウル チュウォッソヨ）　　う○ちを拾いました

쓰레기를 주웠어요 （ッスレギルル チュウォッソヨ）　　ゴミを拾いました

MEMO

　「돈」と「똥」の発音の違い、つまり、初声「ㄷ」と「ㄸ」と、パッチム「ㄴ」と「ㅇ」の発音の違いがポイントです。「ㄸ」は「あっと」の「っと」を発音するつもりで発音します。

　「ㄴ」は「あんない」の「ん」、「ㅇ」は「かばん」の「ん」を発音するつもりで発音しましょう。舌の位置に注意しましょう。

　次の場合も発音の違いによって意味が変わる例です。
- 「불（火）」：「풀（草）」：「뿔（角）」
- 「고양이（猫）」：「고향이（故郷が）」
- 「군고구마（焼き芋）」：「큰 고구마（大きい芋）」

EPISODE 5 차를 몰아요
車を運転します

몰아요 VS 몰라요

運転できるの？ 私も・・・

OK

차를 몰아요

一応・・・
でもペーパードライバー。

NG

차를 몰라요

車、知らないの？

第9章 乗り物

CD-58

EXERCISE

<ruby>차<rt>チャ</rt></ruby><ruby>를<rt>ルル</rt></ruby> <ruby>몰<rt>モ</rt></ruby><ruby>아요<rt>ラヨ</rt></ruby>　　　車を運転します

차를 몰아요　　　車を運転します

차를 몰라요　　　車を知りません
(チャルル モルラヨ)

MEMO

　「運転します（운전하다）」の意味の「몰아요」は、リエゾンが起こり、実際の発音は[모라요]になります。一方、「몰라요（知りません）」の場合は、パッチム「ㄹ」と「라」の「ㄹ」をしっかり発音します。
　ところが、韓国語の「몰라요」は、「知りません」だけでなく、「分かりません」をも意味します。また、「知っています」、「分かります」は、韓国語では両方とも「알아요」と言います。そして、次のように、この場合の助詞は全部「～를/을（を）」になります。

- 「～が分かる」、「～を知っている」⇒「～를/을 알다」
- 「～が分からない」、「～を知らない」⇒「～를/을 모르다」

関連用語

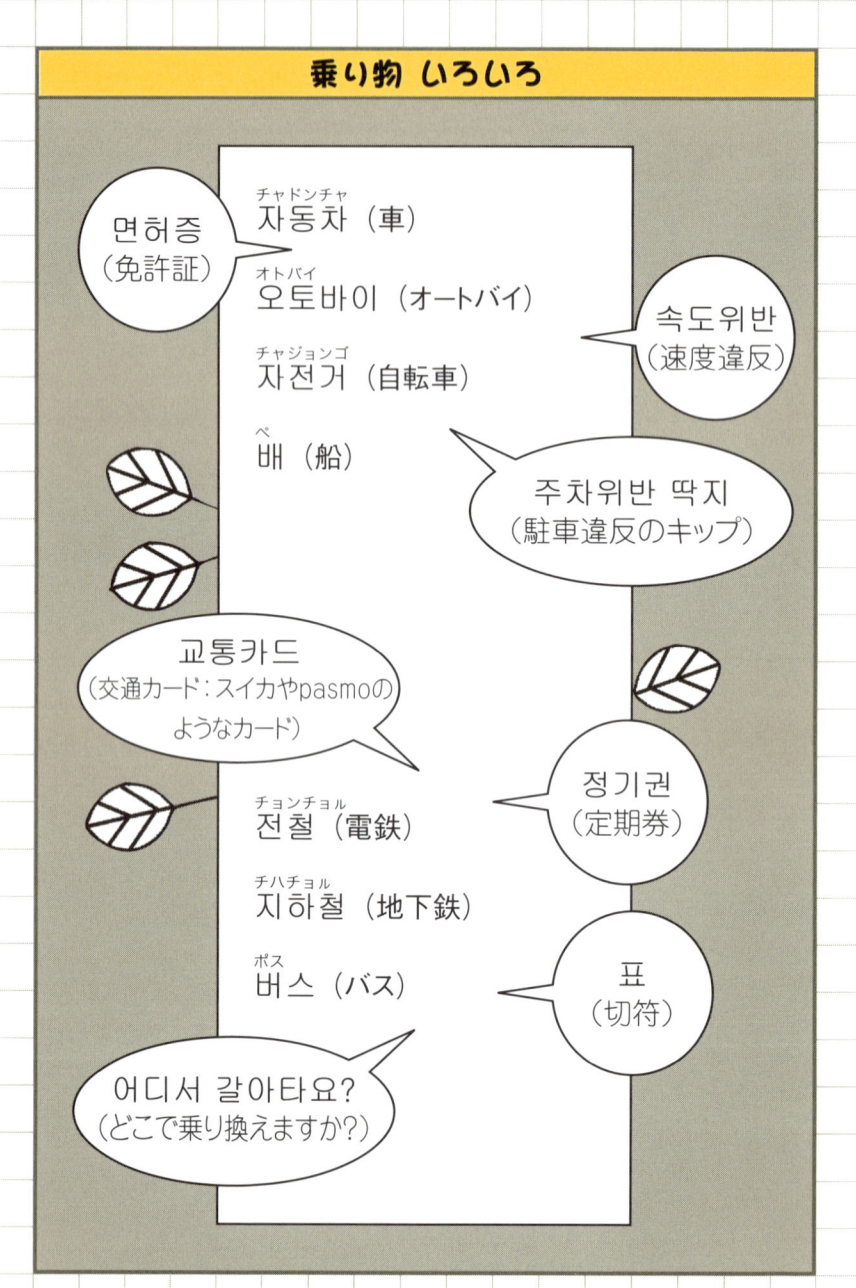

乗り物 いろいろ

면허증
(免許証)

자동차(車) チャドンチャ

오토바이(オートバイ) オトバイ

자전거(自転車) チャジョンゴ

배(船) ペ

속도위반
(速度違反)

주차위반 딱지
(駐車違反のキップ)

교통카드
(交通カード：スイカやpasmoのようなカード)

전철(電鉄) チョンチョル

지하철(地下鉄) チハチョル

버스(バス) ポス

정기권
(定期券)

표
(切符)

어디서 갈아타요?
(どこで乗り換えますか？)

第9章　乗り物

CD-59

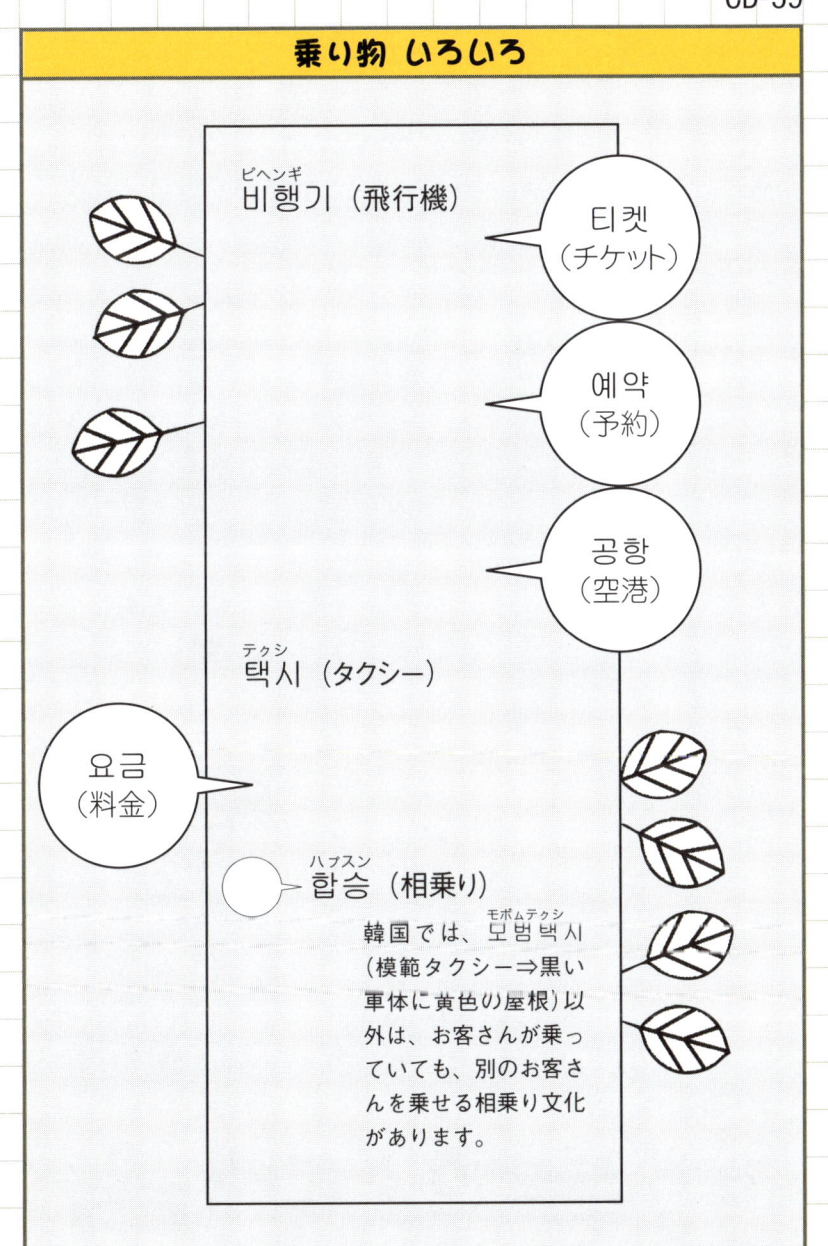

乗り物 いろいろ

비행기（飛行機）
ピヘンギ

티켓（チケット）

예약（予約）

공항（空港）

택시（タクシー）
テクシ

요금（料金）

합승（相乗り）
ハプスン

韓国では、모범택시（模範タクシー⇒黒い車体に黄色の屋根）以外は、お客さんが乗っていても、別のお客さんを乗せる相乗り文化があります。
モボムテクシ

COLUMN

いろいろな書体

　日本語に明朝体、ゴシック体など、いろいろな書体があるように、韓国語にもいろいろな書体があります。それでは、韓国語のいろいろな書体を見ながら、お気に入りの書体を見つけてみてください。

여러 가지 글씨체

　일본어에 명조체, 고딕체 등 여러 글씨체가 있는 것처럼 한국어에도 여러 가지 글씨체가 있어요. 그럼 한국어의 여러 글씨체를 살펴보면서 마음에 드는 글씨체를 찾아보세요.

우내 김정자展 (2006) より

休

남 탓을 하지 말자
人のせいにしない

第10章
趣味

いろんなことに興味があるともこちゃん。
韓国でも新しい趣味を見つけられたのかなぁ。

EPISODE 1 수영이에요
水泳です

수영 VS 수염

私の趣味は・・・

OK

수영이에요

NG

수영이에요

私は金づち

ひげ集めてるのかなぁ…
○○ひげ ○○ひげ ○○ひげ ○○ひげ
○○ひげ

第10章　趣味

CD-61

EXERCISE

○　スヨンイエヨ
　　수영이에요　　　　水泳です

ㅁ　スヨミエヨ
　　수염이에요　　　　ひげです

MEMO

　韓国語のパッチム「ㄴ, ㅁ, ㅇ」は、日本語の「ん」に当たる音ですが、韓国語ではそれぞれ違う音になります。舌の位置がポイントになります。「ㅇ」は「かばん」の「ん」の発音と同じで、舌はどこにもつけません。「ㅁ」は「さんま」の「ん」の発音と同じで、唇を閉じる音です。そして、「ㄴ」は「あんない」の「ん」と同じで、舌の先を上の歯茎の裏側につけて発音しましょう。「수영」と「수염」も、パッチム「ㅇ」と「ㅁ」の発音の違いがポイントになります。「방 (部屋)」と「밤 (夜、栗)」の発音も同様です。

　また、次のペアのように、パッチム「ㅁ」と「ㄴ」の違いによって、意味が変わるものもあります

- 「남자 (男子)」：「난자 (卵子)」
- 「솜 (綿)」：「손 (手)」
- 「감 (柿)」：「간 (肝)」
- 「삼 (数字の3)」：「산 (山)」

EPISODE 2

제 취미는 예쁜 병 모으기예요
私の趣味はかわいい瓶集めです

병 모으기 VS 변 모으기

私の趣味は・・・

OK	NG
병 모으기	변 모으기

EXERCISE

ㅇ 예쁜 병 모으기예요
イェップン ピョン モウギエヨ
かわいい瓶集めです

ㄴ ?예쁜 변 모으기예요
イェップン ピョン モウギエヨ
?かわいいう◯こ（便）集めです

MEMO

「병」の「ㅇ」と「변」の「ㄴ」の発音の違いに注意しましょう。「병」は「かばん」の「ん」のように、舌を奥に引っ込めながら発音します。舌先はどこにも触れません。一方、「변」は「かんだ」の「ん」のように舌先を上の歯茎の裏側につけて発音します。

また、韓国語では、動詞の基本形「-다」の代わりに、名詞形語尾「-기」をつけて、名詞形（~すること）を作ります。たとえば、

- 읽기（読むこと、読解）
- 쓰기（書くこと、筆記）
- 듣기（聞くこと、聞き取り）
- 말하기（話すこと、会話）
- 더하기（足し算）
- 빼기（引き算）
- 곱하기（掛け算）
- 나누기（割り算）

ちなみに、「제（私の）」は、「저（私：丁寧）＋의（の）」の縮約形です。このように、所有の「の」がついて縮約されるものには、「나（私）＋의⇒내（私の）」、「너（お前、君）＋의⇒네（お前の、君の）」があります。

EPISODE 3
몸이 가벼워요
体が軽いです

가벼워요 VS 가려워요

最近、運動を始めたから・・・

OK

몸이 가벼워요

NG

몸이 가려워요

괜찮아~?

EXERCISE

ㅂ

몸이 가벼워요 　体が軽いです
モミ　カビョウォヨ

짐이 가벼워요 　荷物が軽いです
チミ　カビョウォヨ

마음이 가벼워요 　気が軽いです
マウミ　カビョウォヨ

입이 가벼워요 　口が軽いです
イビ　カビョウォヨ

ㄹ

몸이 가려워요 　体がかゆいです
モミ　カリョウォヨ

머리가 가려워요 　頭がかゆいです
モリガ　カリョウォヨ

등이 가려워요 　背中がかゆいです
トゥンイ　カリョウォヨ

귀가 가려워요 　耳がかゆいです
クィガ　カリョウォヨ

MEMO

「귀가 가려워요」は、直訳すると「耳がかゆいです」ですが、これは人に噂話をされることを表す時に使う表現で、日本語の「くしゃみが出る」と同じ意味です。ちなみに、韓国語の場合、「재채기가 나다」は、生理的にくしゃみが出ることしか意味しません。

EPISODE 4
손가락 걸어요
指切りしよう

손가락 걸어요 VS 손가락 잘라요

一緒にジムに行かない？

OK — 손가락 걸어요

うん、いいよ！
ホント？

指切りげんまん〜 ウソついたらーハリセンボン 飲〜ます🎵 指切った!!

NG — 손가락 잘라요

うん… いいけど…
ホント？

そこまでしなくても …っ！
ほらー！
一緒に行くってば！

EXERCISE

<ruby>손가락<rt>ソンカラㇰ</rt></ruby> <ruby>걸어요<rt>コロヨ</rt></ruby>　　指切りしよう

<ruby>손가락<rt>ソンカラㇰ</rt></ruby> <ruby>잘라요<rt>チャルラヨ</rt></ruby>　　指を切りましょう

MEMO

　昔、遊女が嘘いつわりのない愛情の証として、自分の小指を切って、ほれた男におくったのが指切りの由来だそうです。しかし、現代では、「指を切る」というと、ちょっと怖い・・・ですね。
　韓国語の場合、「손가락을 자르다」は「指を切断する」ことしか意味しません。「指切りをする」は、「손가락을 걸다」と言います。
　勧誘の表現「〜しましょう」は、韓国語では「〜해요」または「〜합시다（かしこまった表現）」ですが、友達同士では、くだけた表現の「〜하자（〜しよう）」を使います。たとえば、「손가락 걸자（指切りしよう）」。

EPISODE 5

요즘 살이 쪘거든요
最近、太ったんですよ

살이 쪘거든요 VS 쌀이 적거든요

最近、ジム行ってるんだ・・・

ジムに通ってるの?

OK	NG
살이 쪘거든요	쌀이 적거든요

スリムになりたい♡

バイト…が 大変そう… ○○ジム

第10章　趣味

CD-65

EXERCISE

| 살이 쪘거든요 (サリ ッチョッコドゥンニョ) | 太ったんですよ |
| 살이 빠졌거든요 (サリ ッパジョッコドゥンニョ) | 痩せたんですよ |

| 쌀이 적거든요 (ッサリ チョックコドゥンニョ) | お米が少ないんですよ |
| 쌀이 많거든요 (ッサリ マンコドゥンニョ) | お米が多いんですよ |

MEMO

　「살 (肉)」と「쌀 (お米)」の発音、「쪘」と「적」の発音がポイントです。「쌀」の「싸」は、「あっさり」の「っさ」を発音するつもりで発音しましょう。「적거든요」の「적」を発音する時は、舌をどこにもつけませんが、「쪘거든요」の「쪘」の場合は、「ちょっと」の「ちょっ」のように、舌の先を上の歯の裏側につけて発音しましょう。

　ちなみに、「ジム」は、韓国語では「헬스 (=헬스클럽：ヘルスクラブ)」と言います。あの「ヘルス」とは違います。

関連用語

趣味 いろいろ

^{ッコッコジ}
꽃꽂이 （生け花）

^{ヨリ}
요리 （料理）

^{ウマクカムサン}
음악감상 （音楽鑑賞）

^{ヨンファガムサン}
영화감상 （映画鑑賞）

^{トクソ}
독서 （読書）

^{トゥライブ}
드라이브 （ドライブ）

^{ショピン}
쇼핑 （ショッピング）

- 취미가 뭐예요? （趣味は何ですか？）
- 요리학원에 다녀요 （料理教室に通ってます）
- 가장 감명깊은 영화 （一番感銘深い映画）
- 아이쇼핑 （eye shopping：ウィンドーショッピング）

趣味 いろいろ

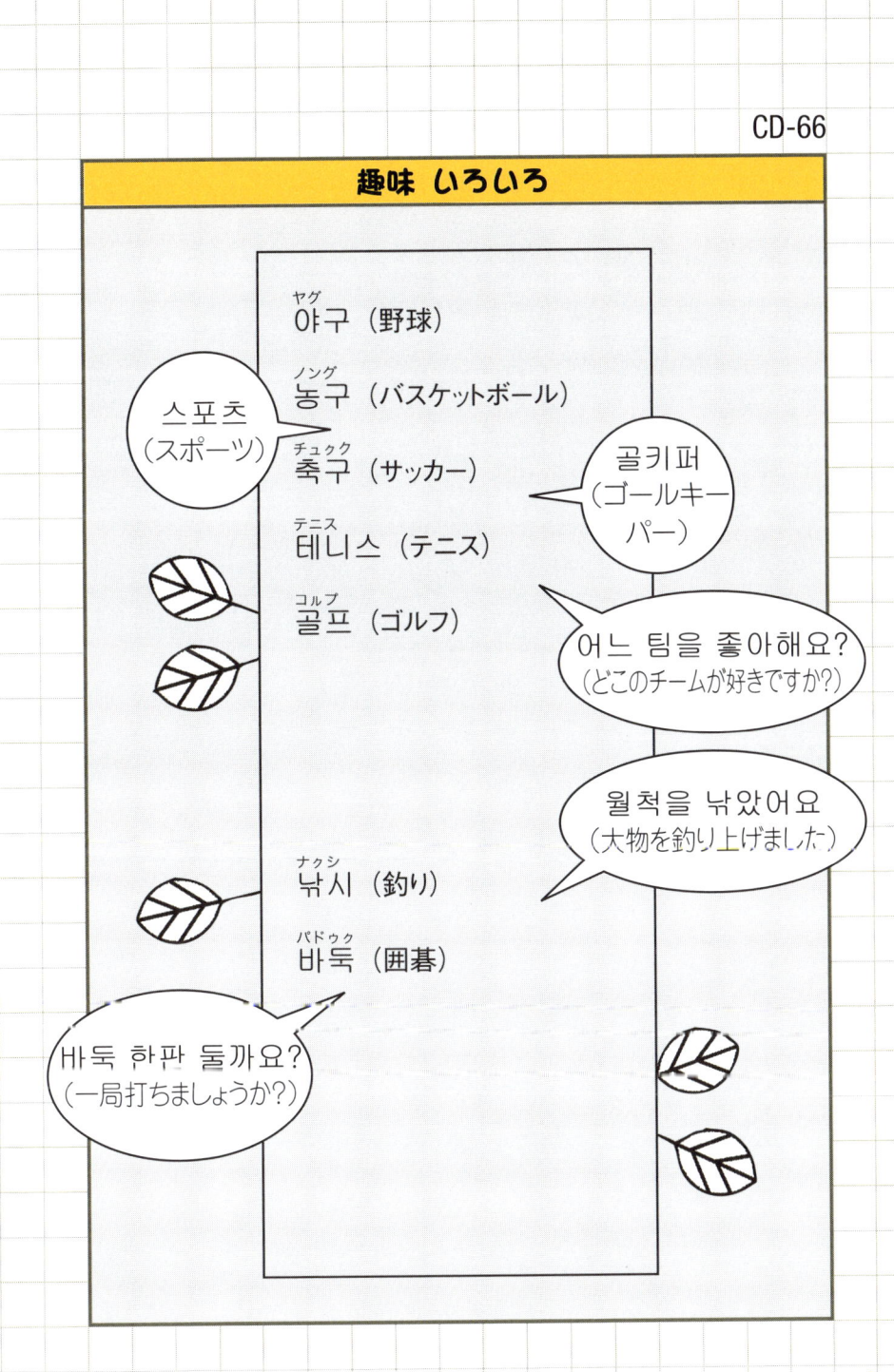

CD-66

스포츠 (スポーツ)
- 야구 (野球)
- 농구 (バスケットボール)
- 축구 (サッカー)
- 테니스 (テニス)
- 골프 (ゴルフ)

골키퍼 (ゴールキーパー)

어느 팀을 좋아해요?
(どこのチームが好きですか？)

월척을 낚았어요
(大物を釣り上げました)

- 낚시 (釣り)
- 바둑 (囲碁)

바둑 한판 둘까요?
(一局打ちましょうか？)

COLUMN

韓国事情

　ここでは、韓国の文化をクイズ形式で紹介します。次の問題に○か×で答えてみましょう。

	○	×
1．女の人は、結婚しても姓が変わらない	○	×
2．韓国の車は左ハンドル	○	×
3．父親の前ではタバコを吸わない	○	×
4．食事の時に、茶碗を手で持って食べる	○	×
5．タクシーのドアは自分で開ける	○	×
6．番組の途中にCMが入らない	○	×
7．誕生日の食事代は誕生日を迎えた本人持ち	○	×
8．ミーティングの日はおしゃれをする	○	×
9．大学入試の日には校門に水あめをくっつける	○	×
10．韓国の十二支（干支）にはイノシシ年がある	○	×

《答え》
1．○⇒子供は父の姓を継ぐ　　　　　　　2．○⇒車線も日本と反対
3．○⇒父親だけでなく、目上の人の前でタバコを吸うのは失礼
4．×⇒テーブルに置いて食べるのが作法　5．○⇒自動ドアではない
6．○⇒ひとつの番組が終わるまでCMはない
7．○⇒誕生日だけでなく、卒業式など、めでたい時には本人がおごる
8．○⇒ミーティングは韓国では合コンのことなので、おしゃれをするが普通
9．○⇒韓国語では「試験に合格する」ことを、「試験に受かる（＝くっつく（붙다））」とも言う。そこで、受験生や親が、げんをかついで、よく伸び、くっつくお餅や水あめを志望校の校門にくっつける風習ができた。
10．×⇒イノシシ年の代わりに豚年がある

한국사정

여기에서는 한국의 문화를 퀴즈형식으로 소개하겠습니다. 다음 질문에 ○또는 ×로 대답해 보세요.

1. 여자는 결혼해도 성이 바뀌지 않는다
2. 한국의 차는 핸들이 왼쪽에 있다
3. 아버지 앞에서는 담배를 피우지 않는다
4. 식사 때는 밥그릇을 손에 들고 먹는다
5. 택시 문은 자기가 연다
6. 텔레비전 프로 중간에 광고가 들어가지 않는다
7. 생일날의 식사값은 생일을 맞이한 사람이 낸다
8. 미팅하는 날은 멋을 부린다
9. 대학입시 날에는 교문에 엿을 붙인다
10. 한국의 12지에는 멧돼지띠가 있다

《해답》

1. ○⇒아이는 아버지 성을 따름
2. ○⇒차선도 일본과 반대
3. ○⇒아버지뿐만 아니라 윗사람 앞에서 담배를 피우는 것은 실례
4. ×⇒테이블에 놓고 먹는 것이 예절
5. ○⇒자동문이 아님
6. ○⇒프로그램이 끝날 때까지 광고는 없음
7. ○⇒생일뿐만 아니라 졸업식 등 좋은 일이 있을 때는 본인이 부담
8. ○⇒미팅（ミーティング）은 한국에서는 슴콘을 일컫기 때문에 멋을 내는 것이 당연
9. ○⇒한국어에서는 시험에 합격하는 것을 「시험에 붙다」라고도 함. 그래서 수험생이나 학부모들이 합격을 기원하여 잘 늘어나고 잘 붙는 떡이나 엿을 지망학교의 교문에 붙이는 풍습이 생겼음
10. ×⇒멧돼지띠 대신에 돼지띠가 있음

우정은 날개없는 사랑이다
友情は翼のない恋である
（byバイロン）

第11章
韓国語の授業で②

韓国語作文の授業。
タクヤたちの間違いに、
皆さんも気づきましたか？

EPISODE 1
한국에서는 새 돈으로 세뱃돈을 주는 습관이 있어요
韓国では、新札でお年玉をあげる習慣があります

새 돈 VS 새똥

韓国では・・・

새해 복 많이 받으세요~

OK	NG
새 돈으로	새똥으로

やった！

何これ…

第11章　韓国語の授業で②

CD-68

EXERCISE

セ トヌロ　セベットヌル　チュヌンスプクァニ イッソヨ
새 돈으로 세뱃돈을 주는 습관이 있어요
新札でお年玉をあげる習慣があります

セットンウロ　セベットヌル　チュヌンスプクァニ イッソヨ
?새똥으로 세뱃돈을 주는 습관이 있어요
?鳥のふんでお年玉をあげる習慣があります

MEMO

　初声「ㄷ」と「ㄸ」と、パッチム「ㄴ」と「ㅇ」の発音の違いに気をつけましょう。

　場所を表す「で」は、「에서」、「では」は「에서는」です。たとえば、「집에서는（家では）」。一方、手段、方法、道具、材料などを表す「で」は、韓国語で「로（直前の語にパッチム×）／으로（パッチム○）」と言います。たとえば、「다리로（足で）」と「손으로（手で）」。ただし、「연필로（鉛筆で）、팔로（腕で）、발로（足で）」などのように、直前の語のパッチムが「ㄹ」の場合は、「로」になります。

　また、韓国語では、「（人・動物が）いる」と「（物事が）ある」とを区別しないで、全部「있어요」と言います。同様に、「（人・動物が）いない」と「（物事が）ない」も全部「없어요」と言います。

EPISODE 2

선생님이 학생들을 데리고 가요
先生が学生達を連れて行きます

데리고 VS 때리고

先生が学生達を・・・

OK	NG
데리고	때리고
가요 (라라라~ 참새! 짹짹! 오리! 꽉꽉!)	가요

第11章　韓国語の授業で②

CD-69

EXERCISE

데

선생님이 학생들을 데리고 가요
ソンセンニミ　ハクセンドゥルル　テリゴ　カヨ
先生が学生達を連れて行きます

먹고 가요
モクコ　カヨ
食べて行きます

보고 가요
ポゴ　カヨ
見て行きます

때

선생님이 학생들을 때리고 가요
ソンセンニミ　ハクセンドゥルル　ッテリゴ　カヨ
先生が学生達を殴って行きます

가지고 가요
カジゴ　カヨ
持って行きます

들고 가요
トゥルゴ　カヨ
（手に）持って行きます

MEMO

「～て行きます」は「～고 가요」ですが、一方「～て来ます」は「～고 와요」と言います。たとえば、「데리고 와요（連れて来ます）」、「때리고 와요（殴って来ます）」。

EPISODE 3

화장실이 깨끗해요
お手洗いがきれいです

깨끗해요 VS 예뻐요

화장실이

화장실은...

OK	NG
깨끗해요	예뻐요

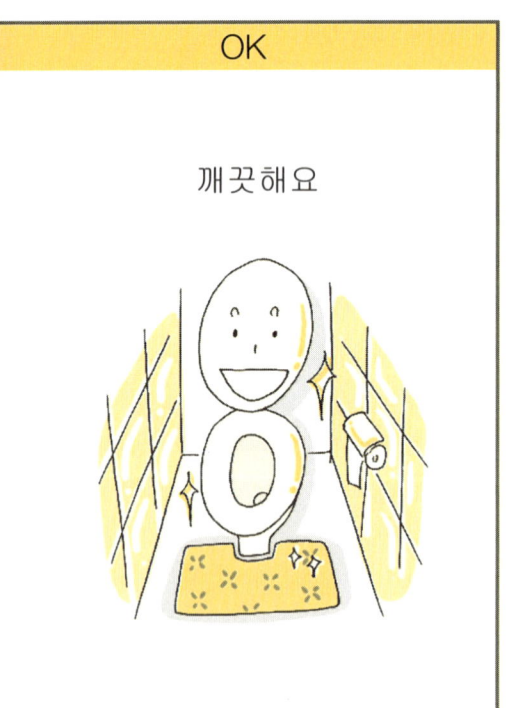

第11章　韓国語の授業で②

CD-70

EXERCISE

<ruby>화장실<rt>ファジャンシリ</rt></ruby>이 <ruby>깨끗해요<rt>ッケックテヨ</rt></ruby>
　　　　　　　　お手洗いがきれい（清潔）です

<ruby>방<rt>パン</rt></ruby>이 <ruby>깨끗해요<rt>ッケックテヨ</rt></ruby>　　　　部屋がきれいです

<ruby>물<rt>ムル</rt></ruby>이 <ruby>깨끗해요<rt>ッケックテヨ</rt></ruby>　　　　水がきれいです

<ruby>화장실<rt>ファジャンシリ</rt></ruby>이 <ruby>예뻐요<rt>イェッポヨ</rt></ruby>
　　　　　　　　お手洗いがかわいいです

<ruby>옷<rt>オシ</rt></ruby>이 <ruby>예뻐요<rt>イェッポヨ</rt></ruby>　　　　服がかわいいです

<ruby>꽃<rt>ッコチ</rt></ruby>이 <ruby>예뻐요<rt>イェッポヨ</rt></ruby>　　　　花がきれいです

MEMO

　「깨끗하다」も「예쁘다」も、日本語では「きれい」ですが、「깨끗하다」は整然として清潔な様子を、「예쁘다」は「可愛い、美しい」様子を表します。

　このように、日本語ではひとつの表現しかないものが、韓国語ではいくつかの言葉で表される場合があります。たとえば、「気になる」の場合も、韓国語では、「궁금하다（何かが知りたい時）」、「신경쓰이다（神経が使われる時）」、「걱정되다（心配な時）」のように使い分けています。

EPISODE 4

저는 훌륭한 의사가 되고 싶어요
私は立派な医者になりたいです

의사 VS 의자

OK

의사가 되고 싶어요

NG

의자가 되고 싶어요

CD-71

EXERCISE

○
훌륭한 의사가 되고 싶어요
　フルリュンハン　ウィサガ　トェゴ　シポヨ
　　　　立派な医者になりたいです

　가수가 되고 싶어요
　カスガ　トェゴ　シポヨ　　　　歌手になりたいです

✕
?훌륭한 의자가 되고 싶어요
　フルリュンハン ウィジャガ　トェゴ　シポヨ
　　　　?立派な椅子になりたいです

　선생님이 되고 싶어요
　ソンセンニミ　トェゴ　シポヨ　　先生になりたいです

MEMO

　「～になりたいです」は、「- 가（パッチム✕）/ 이（パッチム○）되고 싶어요」です。助詞「に」は、韓国語では「에」ですが、「～になりたいです」は「(✕) ～에 되고 싶어요」とは言いません。
　次の場合も、韓国語では、助詞「に」が他の助詞（「を」）に変わります（를（パッチム✕）/을（パッチム○））。
- 「～に乗る」⇒「～를 / 을 타다」
- 「～に会う」⇒「～를 / 을 만나다」
- 「～に似ている」⇒「～를 / 을 닮다」

EPISODE 5

집들이 했어요
引越しのお祝いパーティーをしました

집들이 VS 집털이

週末、何をしましたか？

주말에 무엇을 했습니까?

OK

집들이했어요

NG

집털이했어요

どろぼう〜?!

EXERCISE

들

집들이 했어요
(チプトゥリ ヘッソヨ)
引越しのお祝いパーティーをしました

이사 했어요
(イサ ヘッソヨ)
引っ越しました

털

집털이 했어요
(チプトリ ヘッソヨ)
空き巣に入りました

여행 했어요
(ヨヘン ヘッソヨ)
旅行しました

MEMO

「집들이」は引越しのお祝いパーティーを、「집털이（＝빈집털이）」は空き巣に入ることを意味します。「집털이」は「집을 털다（家を荒らす）」から作られた名詞です。このように、韓国語では、一部の動詞の基本形「－다」の代わりに、「－이」を付けて派生名詞を作ります。たとえば、「놀다（遊ぶ）」の名詞形は「놀이（遊び）」。ちなみに、「놀이」には「소꿉놀이（ままごと）、벚꽃놀이（桜の花見）、불꽃놀이（花火）」などがあります。

関連用語

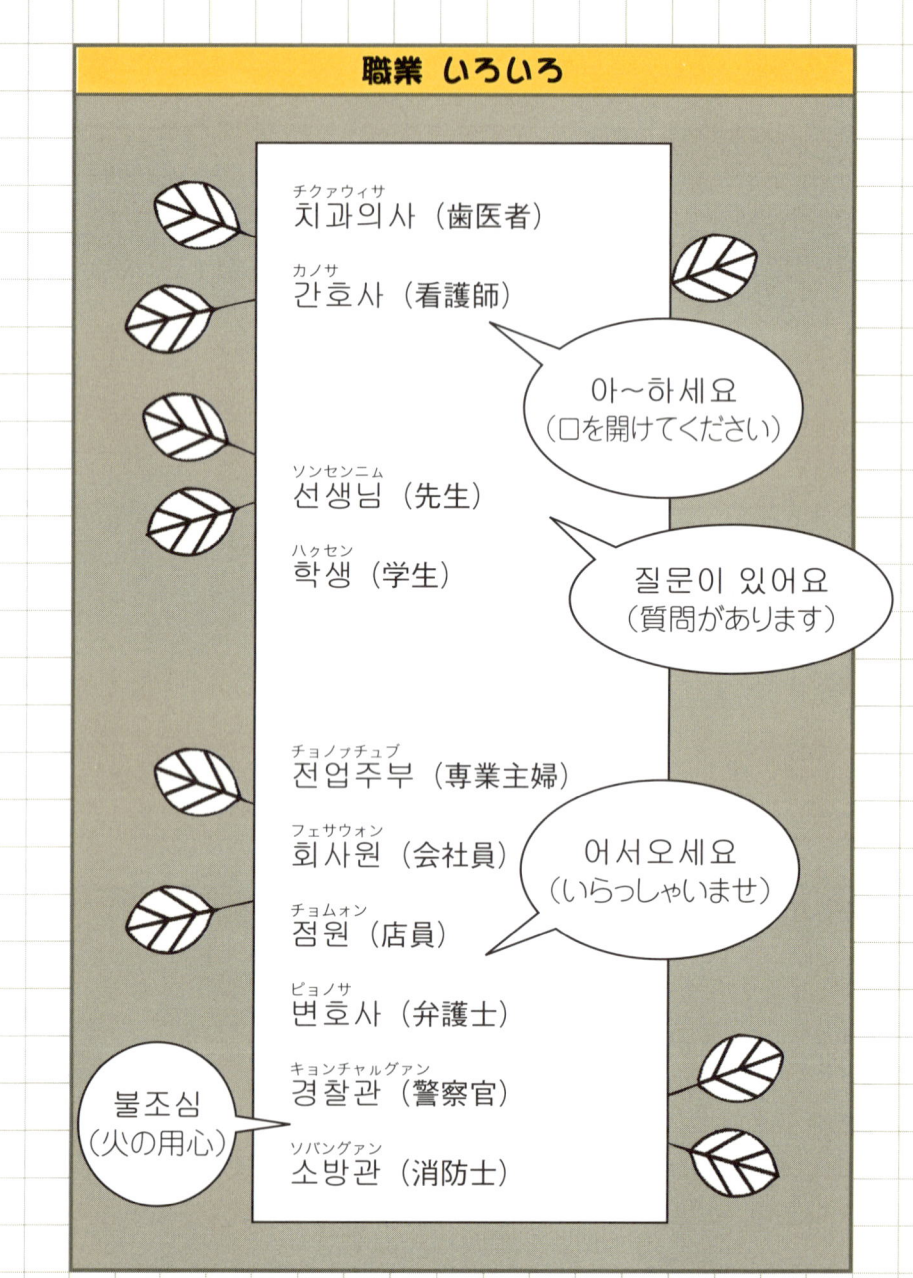

職業 いろいろ

<ruby>치과의사<rt>チクァウィサ</rt></ruby> (歯医者)

<ruby>간호사<rt>カノサ</rt></ruby> (看護師)

> 아~하세요
> （口を開けてください）

<ruby>선생님<rt>ソンセンニム</rt></ruby> (先生)

<ruby>학생<rt>ハクセン</rt></ruby> (学生)

> 질문이 있어요
> （質問があります）

<ruby>전업주부<rt>チョノプチュブ</rt></ruby> (専業主婦)

<ruby>회사원<rt>フェサウォン</rt></ruby> (会社員)

> 어서오세요
> （いらっしゃいませ）

<ruby>점원<rt>チョムォン</rt></ruby> (店員)

<ruby>변호사<rt>ピョノサ</rt></ruby> (弁護士)

<ruby>경찰관<rt>キョンチャルグァン</rt></ruby> (警察官)

<ruby>소방관<rt>ソバングァン</rt></ruby> (消防士)

> 불조심
> （火の用心）

職業 いろいろ

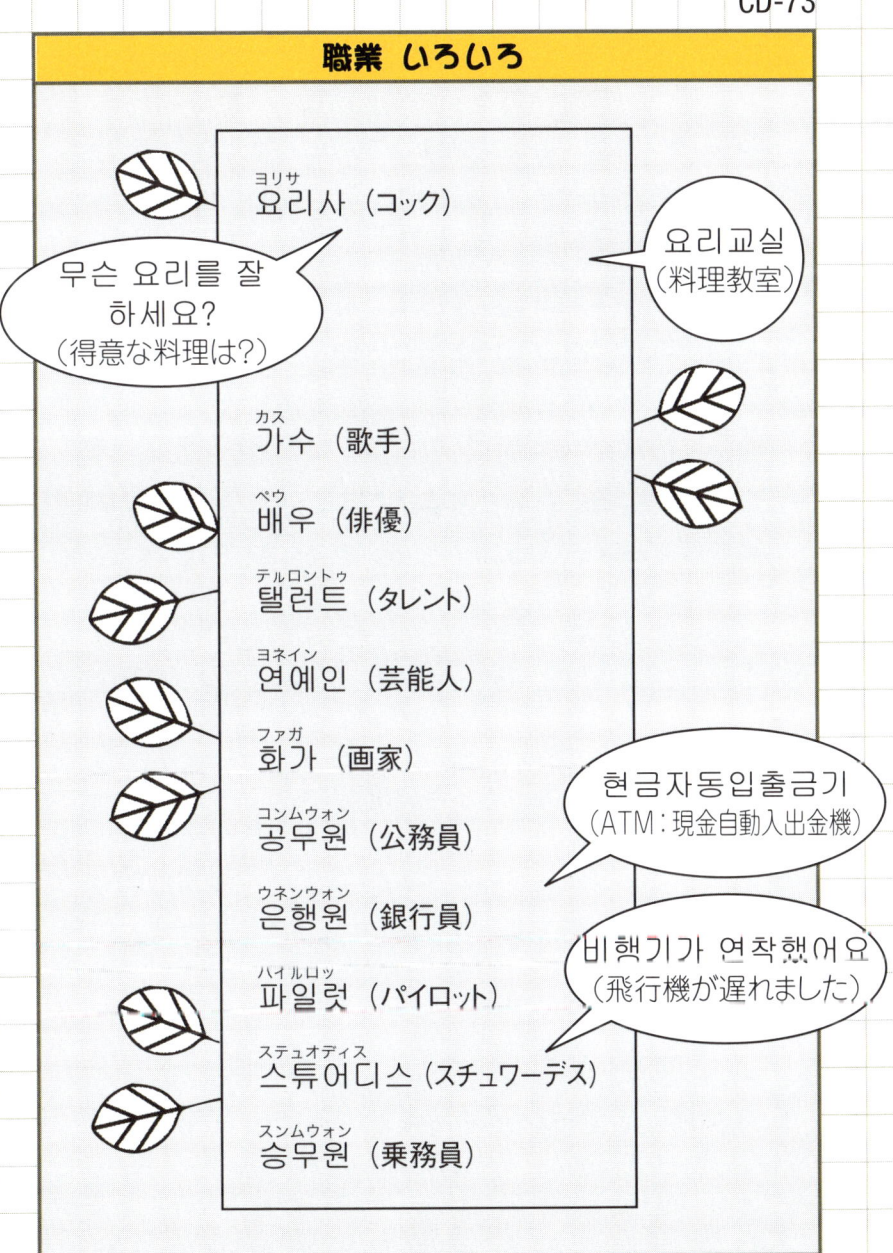

요리사 (コック) [ヨリサ]

요리교실 (料理教室)

무슨 요리를 잘 하세요?
(得意な料理は？)

가수 (歌手) [カス]

배우 (俳優) [ペウ]

탤런트 (タレント) [テルロントゥ]

연예인 (芸能人) [ヨネイン]

화가 (画家) [ファガ]

공무원 (公務員) [コンムウォン]

현금자동입출금기
(ATM：現金自動入出金機)

은행원 (銀行員) [ウネンウォン]

파일럿 (パイロット) [ハイルロッ]

비행기가 연착했어요
(飛行機が遅れました)

스튜어디스 (スチュワーデス) [ステュオディス]

승무원 (乗務員) [スンムウォン]

COLUMN

同じ漢字で違う意味？

　韓国語にも日本語と同様に漢字語がたくさんあります。そこで、日本語話者が韓国語を学ぶ時にはちょっと得した気分になれます。

　ところが、韓国語には「男便（남편）⇒夫、便紙（편지）⇒手紙」のように日本語では使わない漢字語があります。

　また、同じ漢字なのに、日本語と韓国語とでは全く違う意味を持つ単語もあります。ここでは、そのような漢字語を見てみましょう。

《日本語⇒韓国語》

1. 愛人……애인（恋人）
2. 工夫……공부（勉強）
3. 物件……물건（品物）
4. 同居……동거（同棲）
5. 議論……의논（相談）
6. 文句……문구（語句）
7. 八方美人……팔방미인（何事にも秀でた人）

같은 한자인데 다른 의미？

　한국어에도 일본어와 마찬가지로 한자어가 많이 있습니다. 그래서 일본어화자가 한국어를 배울 때는 조금 이득을 본 느낌이 들지요.

　그런데 한국어에는「男便（남편）⇒夫，便紙（편지）⇒手紙」처럼 일본어에서는 사용하지 않는 한자어가 있어요.

　그리고 같은 한자인데도 일본어와 한국어에서는 전혀 다른 의미로 사용되는 단어들도 있어요. 여기에서는 이런 한자어들을 살펴봅시다.

《日本語⇒韓国語》

8. 洋服… 양복（スーツ）

9. 課外……… 과외（家庭教師）

10. 心中… 심중（心の中）

11. 人事……… 인사（挨拶、人事）

12. 外人出入禁止……………… 외인출입금지（関係者以外立ち入り禁止）

休

하면 된다
成せばなる

第12章
食事

韓国の食べ物はやっぱり美味しい！
最初はキムチも食べれなかったんですが、
最近は辛くないと
なんだか物足りないと感じてしまう
ともこちゃんです。

EPISODE 1
여기요
すみません

여기요

カフェで・・・

OK
여기요

何食べようかなぁー♪

NG
여기요

どこ？ 何？

EXERCISE

ヨギヨ
여기요　すみません（店員に呼びかける時）

チョギヨ
저기요　　　　すみません（人を呼び止める時）

ヨギヨ
여기요　　　　　　　　　　ここですよ

チョギヨ
저기요　　　　　　　　　　あそこですよ

MEMO

「여기요」は「ここです」の意味ですが、お店や食堂で自分の席から店員さんに呼びかける時にも使います。日本語の「すみません」と同じ意味です。「여기요」の実際の発音は［여기여］になります。

また、「저기요」は「あそこ」ですが、「저기요」というと、道を聞く時や誰かを呼び止める時の、「あの、すみません」のようなニュアンスになります。

ちなみに、「そこ」は「거기」ですが、「거기요」には「そこです」以外の特別な意味合いはありません。

EPISODE 2
정어리를 먹었어요
イワシを食べました

정어리 VS 종아리

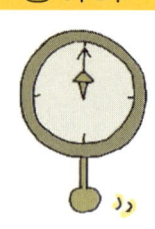

お昼は・・・

OK

정어리를 먹었어요

NG

종아리를 먹었어요

맛있겠다
ㅎㅎ♡

おいしそう

第12章　食事

CD-76

EXERCISE

어

정어리를 먹었어요
チョンオリルル　モゴッソヨ
イワシを食べました

굴비를 먹었어요
クルビルル　モゴッソヨ
イシモチを食べました

고등어를 먹었어요
コドゥンオルル　モゴッソヨ
サバを食べました

오

?종아리를 먹었어요
チョンアリルル　モゴッソヨ
?ふくらはぎを食べました

꽁치를 먹었어요
ッコンチルル　モゴッソヨ
サンマを食べました

오징어를 먹었어요
オジンオルル　モゴッソヨ
イカを食べました

MEMO

「정어리」と「종아리」の発音の違いは、母音「어」と「오」がポイントになります。「어」と「오」は両方とも日本語の「オ」に似ていますが、「어」は口を大きく開けて「オ」を発音し、「오」は唇を丸めて「オ」と発音しましょう。

おまけ／からだ

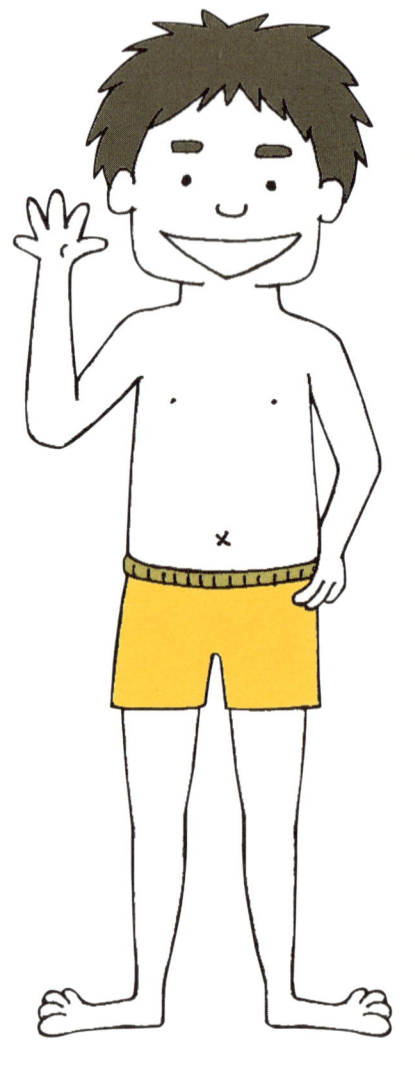

体

눈	目
코	鼻
입 / 이 / 혀	口／歯／舌
얼굴	顔
귀	耳
턱	あご
목	のど／首
손바닥	手のひら
어깨	肩
가슴	胸
팔	腕
배 / 배꼽	腹／へそ
무릎	ひざ
발	足
발목	足首
발가락	足の指
발톱	足の爪

第12章　食事

体

頭	머리
髪の毛	머리카락
手	손
指	손가락
爪	손톱
手の甲	손등
手首	손목
ひじ	팔꿈치
背中	등
腰	허리
尻	엉덩이
脚	다리
太もも	허벅지
ふくらはぎ	송아리
くるぶし	복시뼈
かかと	발꿈치
足裏	발바닥

EPISODE 3

빵에 버터를 발라서 먹어요
パンにバターを塗って食べます

발라서 VS 칠해서

私は、パンにバターを・・・

OK	NG
발라서 먹어요	칠해서 먹어요

私はジャム派…

さすがー芸術家！

第12章　食事

CD-77

EXERCISE

_{ポトルル}　_{パルラソ}　_{モゴヨ}
버터를 발라서 먹어요
　　　　　　バターを塗って食べます

_{ロショヌル}　_{パルラヨ}
로션을 발라요　　　　ローションを塗ります

_{ヨンゴルル}　_{パルラヨ}
연고를 발라요　　　　軟膏を塗ります

_{ポトルル}　_{チレソ}　_{モゴヨ}
?버터를 칠해서 먹어요
　?バターを（絵の具のように）塗って食べます

_{メニキュオルル}　_{チレヨ}
매니큐어를 칠해요　　マニキュアを塗ります

_{ペイントゥルル}　_{チレヨ}
페인트를 칠해요　　　ペンキを塗ります

MEMO

　「塗る」は、韓国語では塗る対象によって、「바르다」と「칠하다」とを使い分けています。「바르다」は、色を付けることに目的があるわけではありません。たとえば、「선크림（日焼け止め）、잼（ジャム）」などは「바르다」。

　一方、「칠하다」は「色を付けるために塗る」ことを意味します。たとえば、「물감（絵の具）、크래용（クレヨン）」などは「칠하다」。

EPISODE 4

닭껍질을 좋아해요
鳥皮が好きです

닭껍질 VS 닭가죽

何が好きですか?

뭐 좋아해요?

OK

닭껍질을
좋아해요

僕は
苦手…

NG

닭가죽을
좋아해요

ヘえー

第12章　食事

CD-78

EXERCISE

<ruby>닭껍질을<rt>タッコプチルル</rt></ruby> <ruby>좋아해요<rt>チョアヘヨ</rt></ruby>

　　　　　　　　　　　鳥皮が好きです

<ruby>귤껍질<rt>キュルッコプチル</rt></ruby>　　　　　　　みかんの皮

<ruby>바나나껍질<rt>パナナッコプチル</rt></ruby>　　　　　バナナの皮

<ruby>양파껍질<rt>ヤンパッコプチル</rt></ruby>　　　　　玉ねぎの皮

<ruby>?닭가죽을<rt>タッカジュグル</rt></ruby> <ruby>좋아해요<rt>チョアヘヨ</rt></ruby>

　　　　　　　　　　　?鳥の革が好きです

<ruby>악어가죽을<rt>アゴガジュグル</rt></ruby> <ruby>좋아해요<rt>チョアヘヨ</rt></ruby>　　ワニ革が好きです

<ruby>소가죽을<rt>ソガジュグル</rt></ruby> <ruby>좋아해요<rt>チョアヘヨ</rt></ruby>　　牛革が好きです

<ruby>양가죽을<rt>ヤンガジュグル</rt></ruby> <ruby>좋아해요<rt>チョアヘヨ</rt></ruby>　　羊革が好きです

MEMO

　韓国語では、「껍질」は「皮」を、「가죽」は「革」を意味します。よって、「鳥皮」は、「닭껍질」になります。鶏の場合は、一般に革としては使われないので、「닭가죽（鶏革）」とは言いません。

EPISODE 5

비빔밥 잘 섞었어요?
ビビンバ、よく混ぜました？

섞었어요? VS 썩었어요?

韓国料理屋で・・・

OK	NG
잘 섞었어요?	잘 썩었어요?

EXERCISE

섞

잘 섞었어요?　　よく混ぜました？
<small>チャル ソッコッソヨ</small>

조금 섞었어요　　少し混ぜました
<small>チョグム ソッコッソヨ</small>

반씩 섞었어요　　半分ずつ混ぜました
<small>パンッシク ソッコッソヨ</small>

썩

잘 썩었어요?　　よく腐ってます？
<small>チャル ッソゴッソヨ</small>

이가 썩었어요　　虫歯になりました
<small>イガ ッソゴッソヨ</small>

사랑니가 썩었어요　親知らずが虫歯になりました
<small>サランニガ ッソゴッソヨ</small>

MEMO

「써」は、「서」の前に促音「ッ」を入れた「ッソ」のつもりで発音しましょう。「섞」と「썩」は、パッチムも違いますが、「ㄲ」と「ㄱ」がパッチムになる場合、発音は両方とも「k」になります。「そっくり」の「っ」と同じ発音です。

ちなみに、「비비다」は「混ぜる」、「밥」は「ご飯」の意味です。よって、「비빔밥」は「混ぜご飯」という意味です。

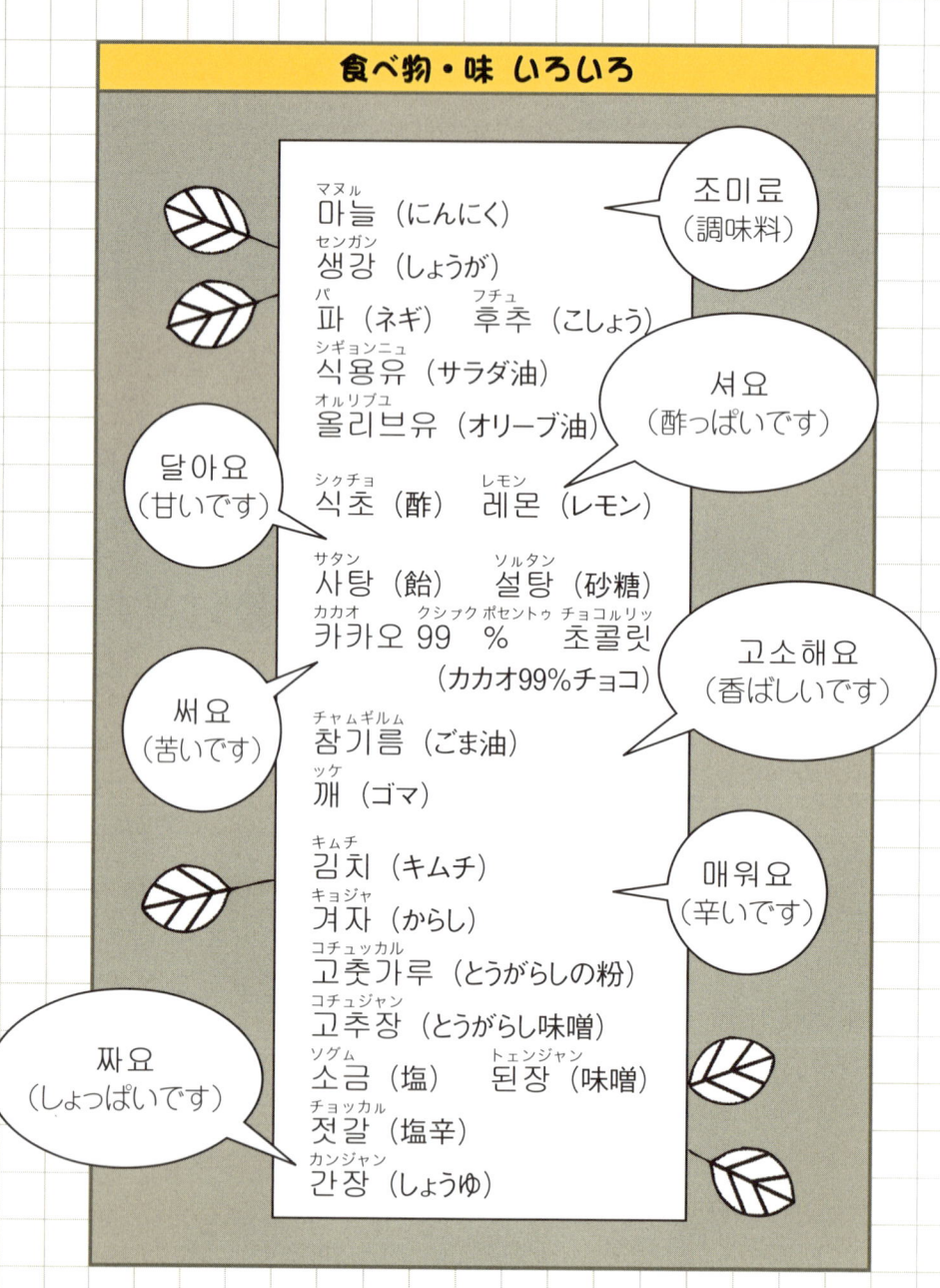

関連用語

食べ物・味 いろいろ

마늘（にんにく） [マヌル]
생강（しょうが） [センガン]
파（ネギ） [パ]　　후추（こしょう） [フチュ]
식용유（サラダ油） [シギョンニュ]
올리브유（オリーブ油） [オルリブユ]
식초（酢） [シクチョ]　　레몬（レモン） [レモン]
사탕（飴） [サタン]　　설탕（砂糖） [ソルタン]
카카오 99 ％ [カカオ クシプク ポセントゥ]　　초콜릿 [チョコルリッ]
　　（カカオ99％チョコ）
참기름（ごま油） [チャムギルム]
깨（ゴマ） [ッケ]
김치（キムチ） [キムチ]
겨자（からし） [キョジャ]
고춧가루（とうがらしの粉） [コチュッカル]
고추장（とうがらし味噌） [コチュジャン]
소금（塩） [ソグム]　　된장（味噌） [トェンジャン]
젓갈（塩辛） [チョッカル]
간장（しょうゆ） [カンジャン]

- 조미료（調味料）
- 셔요（酢っぱいです）
- 달아요（甘いです）
- 고소해요（香ばしいです）
- 써요（苦いです）
- 매워요（辛いです）
- 짜요（しょっぱいです）

食べ物・味 いろいろ

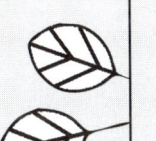

CD-80

감칠맛 (食欲をそそる味)

손맛 (手の味：手作りの味)

꿀맛 (ハチミツの味
　　　：とても美味しい)

신맛 (酸っぱい味)

단맛 (甘味)

쓴맛 (苦味)

고소한 맛 (香ばしい味)

매운맛 (辛味)

싱거운 맛 (薄味)

떫은맛 (渋味)

짠맛 (しょっぱい味)

싱거워요
(味がうすいです)

떫어요
(渋いです)

COLUMN

辞書に載っていない表現②

1. 필이 꽂혔다(Feel(フィーリング)が突き刺さる)
   ＝필이 오다(Feelが来る)………「ビビッと来る」

2. 느끼하다(脂っこい)
   ………キザなせりふを言ったり、セクシーぶる男の人に対して使うマイナス表現。キモイ・気持ち悪い。
   　映画「Shall we ダンス？」で、竹中直人がダンスパートナーの女性に言われるせりふ「気持ち悪いです」は、「느끼해요」がぴったり

3. 꽝이다……はずれだ・全然ダメだ・失敗だ・最悪だ

4. 짱이다………………………………………… 最高だ

5. 얼짱………얼굴(顔)の얼と짱(最高)で、美人・イケメン。「몸짱」は몸(身体)と짱(最高)で、スリムな女・筋肉質の男

6. 생얼………………… 생(生)と얼굴(顔)の얼で、素顔

7. 꽃미남(花美男)………………… 美男子・イケメン

8. 쌤통이다……………………… ざまみろ・いい気味だ

사전에 없는 표현②

9. 쯩……　身分証明書・住民登録証(住民登録証)の略

10. 죽인다(殺す)＝끝내준다(終わらせてくれる)
　　……………………たまらない・ものすごい・最高だ

11. 야자타임………………　パンマルタイム・無礼講

12. 디카…………………　デジカメ・디지털카메라
　　　　　　　　　　　(デジタルカメラ)の略

13. 몸치………몸(体)と음치(音痴)の치(痴)で、運動
　　　　　　音痴・踊り音痴。「길치」は、길(道)と
　　　　　　치(痴)で、方向音痴

14. 아자！…………………………………　ファイト！

15. 짝퉁＝짜가…………　ニセモノ(가짜)・バッタモン

16. 남친………남자(男子)の남(男)と친구(友達)の친
　　　　　　で、彼氏。「여친」は、彼女(여자친구)

17. 알바………　バイト・아르바이트(아르바이드)の略

18. 공주병(お姫様病)・왕자병(王子様病)
　　…………………………………女・男のナルシスト

休

행복은 자기 마음먹기 나름
幸せは自分の心次第

第13章
動物

動物が大好きなともこちゃん。
今は家の事情で動物が飼えないけど、
広い庭で犬と猫をたくさん飼うのが夢です。

EPISODE 1

믿는 도끼에 발등 찍힌다
飼い犬に手をかまれる
(信じる斧に足の甲を切られる)

도끼 VS 토끼

OK

믿는 도끼에 발등 찍힌다

NG

믿는 토끼에 발등 찍힌다

EXERCISE

ㄷ

ミンヌン　トッキエ　　パルトゥン　ッチキンダ
믿는 도끼에 발등 찍힌다
信じる斧に足の甲を切られる

トッキロ　チェ　パルトゥンウル　ッチンヌンダ
도끼로 제 발등을 찍는다　斧で自分の足の甲を切る
（他人を負かそうとしてやったことが、結局自分の首を絞めることになる）

ㅌ

ミンヌン　トッキエ　　パルトゥン　ッチキンダ
? 믿는 토끼에 발등 찍힌다
?信じるウサギに足の甲を切られる

トッキ　トゥル　チャブリョダガ　　ハナド　モッ　チャムヌンダ
토끼 둘 잡으려다가 하나도 못 잡는다
二兎を追う者は一兎をも得ず

MEMO

☆動物にかかわる表現①☆

● 「까마귀 고기를 먹었나（カラスの肉を食べたのか）」⇒忘れっぽい人をからかう時に使う表現。発音が似ている「까먹다（ど忘れする）－까먹었어요（ど忘れしちゃいました）」もよく使います。

● 「까마귀와 사촌（カラスといとこ）」＝「까마귀가 아저씨 하겠다（カラスがおじさんて呼ぶよ）」⇒身体が汚くて、真っ黒の様子を言う時に使う表現。カラスが黒いことから来た表現です。

EPISODE 2

내숭떨지 마세요
猫かぶらないでください

내숭떨지 마세요 VS 고양이 쓰지 마세요

映画館で・・・

キャー
こわーい！
ぶりっこー

OK	NG
내숭떨지 마세요	고양이 쓰지 마세요

第13章　動物

CD-83

EXERCISE

내숭떨지 마세요
（ネスンットルジ　マセヨ）
　　　　　　　　　猫かぶらないでください

귀여운 척 하지 마세요　かわいこぶらないでください
（クィヨウン　チョクハジ　マセヨ）

？고양이 쓰지 마세요
（コヤンイ　ッスジ　マセヨ）
？猫を（帽子のように）かぶらないでください

모자 쓰지 마세요　　　帽子かぶらないでください
（モジャ　ッスジ　マセヨ）

MEMO

　一般に、禁止の表現「～ないでください」は、用言の基本形「-다」の代わりに「-지 마세요」をつけて作ります。
　そこで、「猫かぶらないでください」は、「내숭떨다（猫をかぶる）」に禁止の表現「-지 마세요」をつけて、「내숭떨지 마세요」と言います。
　☆動物にかかわる表現②☆
●「고양이 세수하듯（猫が顔を洗うように）」⇒「物事を適当にやること」、または「適当に顔を洗うこと」を言います。

211

EPISODE 3

낮말은 새가 듣고 밤말은 쥐가 듣는다
壁に耳あり、障子に目あり
（昼の話は鳥が聞き、夜の話はねずみが聞く）

쥐가 VS 제가

낮말은 새가 듣고

OK

밤말은 쥐가 듣는다

NG

밤말은 제가 듣는다

EXERCISE

쥐

밤말은 쥐가 듣는다
パムマルン チュィガ トゥンヌンダ
　　　　　　夜の話はねずみが聞く

발 없는 말이 천리 간다
パル オムヌン マリ チョルリ カンダ
　　　　　悪事千里を走る（足のない言葉が千里行く）

제

? 밤말은 제가 듣는다
パムマルン チェガ トゥンヌンダ
　　　　　　? 夜の話は私が聞く

소 귀에 경 읽기
ソ クィエ キョン イルキ
　　　　　馬の耳に念仏（牛の耳にお経を読む）

MEMO

「昼」は、韓国語では「낮」または「점심」と言います。「낮（昼：day）」は、「밤（夜：night）」の反対語として使われますが、「점심（昼：afternoon）」は、「아침（朝：morning）」、「저녁（夕方：evening）」と対立して使われます。

☆動物にかかわる表現③☆

● 「개 발에 땀 나도록（犬の足裏に汗が出るように）」⇒なかなかやり遂げにくいことを、一所懸命に頑張ってやる様子を言います。たとえば、「개 발에 땀 나도록 열심히 일했다（（犬の足裏に汗が出るぐらい）頑張って働いた）。

EPISODE 4

호랑이를 잡으려면 호랑이 굴에 들어가야 한다
虎穴に入らずんば虎児を得ず

굴 VS 구멍

虎を捕まえるためには・・・

OK

호랑이 굴에 들어가야 한다

NG

호랑이 구멍에 들어가야 한다

第13章　動物

CD-85

EXERCISE

<ruby>호랑이<rt>ホランイ</rt></ruby> <ruby>굴<rt>クレ</rt></ruby>에 <ruby>들어가야<rt>トゥロガヤ</rt></ruby> <ruby>한다<rt>ハンダ</rt></ruby>
　　　虎の洞窟に入らなければならない

<ruby>호랑이<rt>ホランイ</rt></ruby> <ruby>담배<rt>タムベ</rt></ruby> <ruby>피우던<rt>ピウドン</rt></ruby> <ruby>시절<rt>シジョル</rt></ruby>
　　　昔、昔、大昔（虎がタバコを吸っていた時代）

?<ruby>호랑이<rt>ホランイ</rt></ruby> <ruby>구멍<rt>クモンエ</rt></ruby>에 <ruby>들어가야<rt>トゥロガヤ</rt></ruby> <ruby>한다<rt>ハンダ</rt></ruby>
　　　?虎の小さい穴に入らなければならない

<ruby>호랑이도<rt>ホランイド</rt></ruby> <ruby>제<rt>チェ</rt></ruby> <ruby>말하면<rt>マラミョン</rt></ruby> <ruby>온다<rt>オンダ</rt></ruby>
　　　噂をすれば影（虎も自分の話をされると現れる）

MEMO

「穴」は、「굴」または「구멍」と言いますが、「굴」は「洞窟」を、「구멍」は「바늘구멍（針の穴）、개미구멍（ありの穴）」のように、空いていたり、掘ったりしてできた、小さい穴を意味します。

☆動物にかかわる表現④☆

● 「호랑이에게 물려가도 정신만 차리면 된다（虎にくわえられて行っても気をしっかり持っていれば助かる）」⇒いくら危機に面しても我に返れば生き返る道があるということを意味します。

関連用語

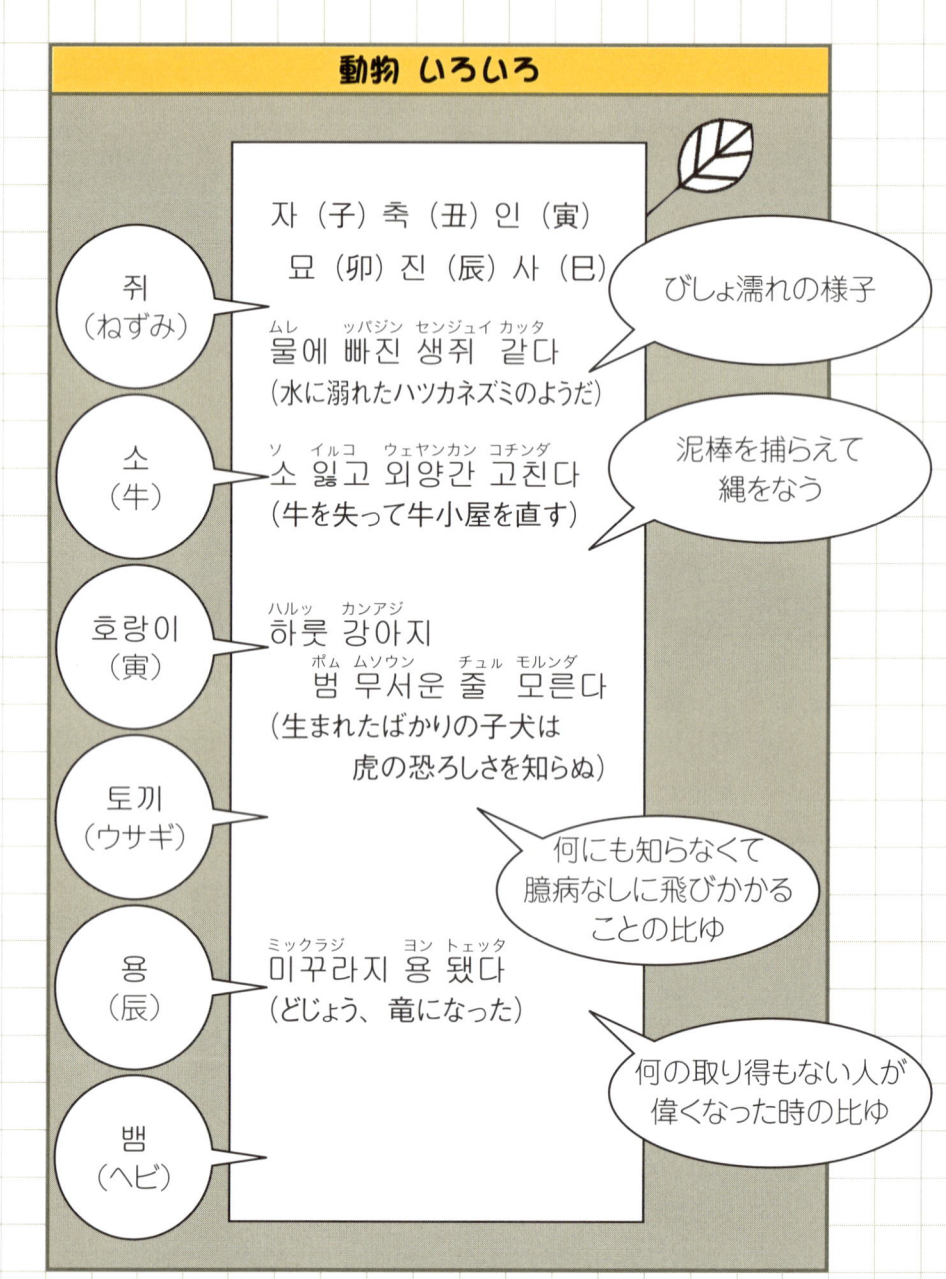

動物 いろいろ

자 (子) 축 (丑) 인 (寅)
묘 (卯) 진 (辰) 사 (巳)

쥐 (ねずみ)
물에 빠진 생쥐 같다
(ムレ ッパジン センジュイ カッタ)
(水に溺れたハツカネズミのようだ)
→ びしょ濡れの様子

소 (牛)
소 잃고 외양간 고친다
(ソ イルコ ウェヤンカン コチンダ)
(牛を失って牛小屋を直す)
→ 泥棒を捕らえて縄をなう

호랑이 (寅)
하룻 강아지 범 무서운 줄 모른다
(ハルッ カンアジ ポム ムソウン チュル モルンダ)
(生まれたばかりの子犬は虎の恐ろしさを知らぬ)
→ 何にも知らなくて臆病なしに飛びかかることの比ゆ

토끼 (ウサギ)

용 (辰)
미꾸라지 용 됐다
(ミックラジ ヨン トェッタ)
(どじょう、竜になった)
→ 何の取り得もない人が偉くなった時の比ゆ

뱀 (ヘビ)

動物 いろいろ

오 (午) 미 (未) 신 (申)
유 (酉) 술 (戌) 해 (亥)

- 말 (馬)
- 양 (羊)
- 원숭이 (猿)

_{ウォンスンイド　ナムエソ}
원숭이도 나무에서
_{ットロジンダ}
떨어진다 (猿も木から落ちる)

- 닭 (鶏)

_{タクチャバ　モクコ　オリバル}
닭잡아 먹고 오리발
_{ネミンダ}
내민다

（鶏を食べて、鴨の足を突き出す⇒鶏を捕って食べて、鶏を食べたかと聞くと、いや鴨を食べたと言う）

- 개 (犬)
- 돼지 (豚)

_{トェジ　モゲ　チンジュ　モクコリ}
돼지 목에 진주 목걸이
（豚の首に真珠のネックレス）

> しらを切る

> 豚に真珠

COLUMN

韓国人がよく間違う日本語

　欧米の人々からすると、たとえば「大丈夫」の「大・丈・夫」は、それぞれの漢字が同じように見えるようです。しかし、日本と韓国は、お互いに漢字圏ですので、そのような間違いはありません。

　その代わり、韓国人の日本語学習者がよく間違う日本語には、「おばさん」と「おばあさん」、「風鈴」と「不倫」のような長音、「奥さんから／オッサンからチョコをもらった」のような促音、「韓国から／監獄から参りました」のような濁音、「〜です」と「〜でしゅ」のような発音、などがあります。

　ところで、日本語をあまり知らない人が、日本語を書き写すと、ちょっと面白いものができます。それでは、街でよく見かける日本語の看板やメニューなどを見て、これが元々どういう単語なのか、当ててみてください。

1. トソカシ……………………………………… トンカツ
2. カノレビ……………………………………… カルビ
3. タユ…………………………………………… タコ
4. ヨソさま……………………………………… ヨンさま
5. とラふ………………………………………… とうふ
6. イツカマメツ………………………………… 石釜メシ

한국인이 자주 틀리는 일본어

　유럽이나 미국사람들은 예를 들면 「大丈夫」의 「大・丈・夫」가 모두 똑같이 보인다고 해요. 하지만 일본과 한국은 같은 한자권이라서 그러한 실수는 없어요.

　그 대신에 한국인 일본어 학습자가 자주 틀리는 일본어에는 「おばさん」과 「おばあさん」, 「風鈴」과 「不倫」 같은 장음, 「奥さんから／オッサンからチョコをもらった」와 같은 촉음, 「韓国から／監獄から参りました」와 같은 탁음, 「～です」와 「～でしゅ」 같은 발음 등이 있어요.

　그런데 일본어에 서투른 사람이 일본어를 보고 베껴 쓰면 웃긴 표현이 되기도 한답니다. 그럼 거리에서 자주 볼 수 있는 일본어 간판이나 메뉴 등을 보고 이것이 원래 어떤 단어인지 맞춰 보세요.

1. トソカシ ……………………………… 돈가스
2. カノレビ ……………………………… 갈비
3. タユ …………………………………… 낙지
4. ヨソさま ……………………………… 욘사마
5. とうふ ………………………………… 두부
6. イツカマメツ ………………………… 돌솥밥

休

웃으면 복이 온다
笑うと福が来る

第14章
誕生日

韓国で誕生日を迎えたともこちゃん。
Happy Birthday to You〜♪
Happy Birthday to You〜♪
みなさんもぜひ一度韓国式の誕生日を過ごしてみませんか？

EPISODE 1

케이크 속에 반지가 숨겨져 있었어요
ケーキの中に指輪が隠されていました

숨겨져 VS 숨어

ともこちゃんの誕生日
케이크 속에

OK

うれしいー♡

반지가 숨겨져 있었어요

NG

반지가 숨어 있었어요

第14章　誕生日

CD-88

EXERCISE

^{パンジガ} ^{スムギョジョ} ^{イッソッソヨ}
반지가 숨겨져 있었어요
　　　　　　　　　指輪が隠されていました

^{ナムギョジョ} ^{イッソッソヨ}
남겨져 있었어요　　　　　残されていました

^{セウォジョ} ^{イッソッソヨ}
세워져 있었어요　　　　　立たされていました

^{パンジガ} ^{スモ} ^{イッソッソヨ}
?반지가 숨어 있었어요
　　　　　　　　　?指輪が隠れていました

^{ナマ} ^{イッソッソヨ}
남아 있었어요　　　　　残っていました

^ソ ^{イッソッソヨ}
서 있었어요　　　　　立っていました

MEMO

「속」は「中」を意味しますが、「中」は「안」とも言います。その違いは次の通りです。

● 「안（中、内部、内）」: 1・2次元的内部、空いていてもOK。
　反対語は、「밖（外、外部）」。
　⇒ 방 안（部屋の中）、교실 안（教室の中）、버스 안（バスの中）

● 「속（中、内部、内）」: 3次元的内部、普通内部は詰まっている。
　反対語は、「겉（表、表面）」
　⇒ 땅 속（土の中）、머리 속（頭の中）、수박 속（スイカの中）

EPISODE 2

처음에는 여자아이를 낳고 두번째는 남자아이를 낳았어요
最初は女の子を産んで、二人目は男の子を産みました

낳고 VS 넣고

妊婦さん

OK	NG
여자아이를 낳고 (オギャー / 一女臣)	여자아이를 넣고
남자아이를 낳았어요 (二太郎 / オギャ)	남자아이를 넣었어요

224

EXERCISE

낳

여자아이를 낳고 女の子を産んで
(ヨジャアイルル ナコ)

남자아이를 낳았어요 男の子を産みました
(ナムジャアイルル ナアッソヨ)

딸을 / 아들을 낳았어요 娘を／息子を産みました
(ッタルル / アドゥルル ナアッソヨ)

넣

?여자아이를 넣고 ?女の子を入れて
(ヨジャアイルル ノコ)

?남자아이를 넣었어요 ?男の子を入れました
(ナムジャアイルル ノオッソヨ)

책을 / 지갑을 넣었어요 本を／財布を入れました
(チェグル / チガブル ノオッソヨ)

MEMO

「아이」は「子供」を意味しますが、韓国語では「人」にしか使いません。動物には「새끼 고양이（子猫）」のように、「새끼」を使います。語順を変えて「고양이 새끼（猫の子）」とも言うが、「개（犬）」の場合は、「(×) 개 새끼（犬の子）」とは言いません。これは「욕（悪口）」になります！「子犬」の場合は「강아지」と言います。ちなみに、「말（馬）⇒ 망아지（子馬）」、「소（牛）⇒ 송아지（子牛）」、「닭（鶏）⇒ 병아리（ひよこ）」。

EPISODE 3

우리 여동생 귀빠진 날이에요
うちの妹の誕生日です

귀빠진 날

今日ね…

우리 여동생···

OK

귀빠진 날이에요

おめでとうー♡
♪축하해~

NG

귀빠진 날이에요

耳、取れちゃったの?
大丈夫?
病院は一?

第14章　誕生日

CD-90

EXERCISE

<ruby>귀빠진<rt>クィッパジン</rt></ruby> <ruby>날이에요<rt>ナリエヨ</rt></ruby>　　　　誕生日です

<ruby>미역국<rt>ミヨックク</rt></ruby> <ruby>먹는<rt>モンヌン</rt></ruby> <ruby>날이에요<rt>ナリエヨ</rt></ruby>　　　誕生日です
（ワカメスープを食べる日です）

?<ruby>귀빠진<rt>クィッパジン</rt></ruby> <ruby>날이에요<rt>ナリエヨ</rt></ruby> ?耳が抜けた日です

<ruby>미역국<rt>ミヨックク</rt></ruby> <ruby>먹었어요<rt>モゴッソヨ</rt></ruby>　　（試験などで）落ちました
（ワカメスープを食べました）

MEMO

「귀빠진 날」は、直訳すると「耳が抜けた日」ですが、韓国では「誕生日」を意味します。また、韓国では、誕生日には「わかめスープ」を飲むのが定番ですが、これはお産の回復にいいとして母親が「わかめスープ」を飲むので、母親への感謝の気持ちを忘れないため、と言われています。

　ところが、一方では、「わかめ」はぬるぬるして滑りやすいということから、試験を控えている受験生に飲ませるのはタブーとされています。そこで、「미역국 먹었어요」は、時には、受験に失敗したり、競争で脱落したことをも意味します。

EPISODE 4

케이크를 아주 좋아해요
ケーキに目がないです

아주 좋아해요 VS 눈이 없어요

私は・・・

OK

チーズケーキが一番好きー♡

케이크를 아주 좋아해요

NG

ケーキに目ー？
目がないケーキ？

케이크에 눈이 없어요

第14章　誕生日

CD-91

EXERCISE

케이크를 아주 좋아해요
ケイクルル　アジュ　チョアヘヨ

ケーキに目がないです

초콜릿을 아주 좋아해요　チョコレートに目がないです
チョコルリスル　アジュ　チョアヘヨ

?케이크에 눈이 없어요
ケイクエ　ヌニ　オプソヨ

?ケーキ（の顔）に目がないです

인형에 눈이 없어요　　　人形（の顔）に目がないです
イニョンエ　ヌニ　オプソヨ

MEMO

「ケーキに目がないです（とても好きです）」は、「케이크라면 사족을 못 써요（ケーキとなると、夢中になる）」とも言います。

☆韓国語の"Happy Birthday to You"の歌☆

　생일축하합니다～♪♪（お誕生日、おめでとうございます）

　생일 축하합니다～♪♪

　사랑하는 당신의／○○（名前）의～♪（愛するあなたの／○○の）

　생일 축하합니다～♪

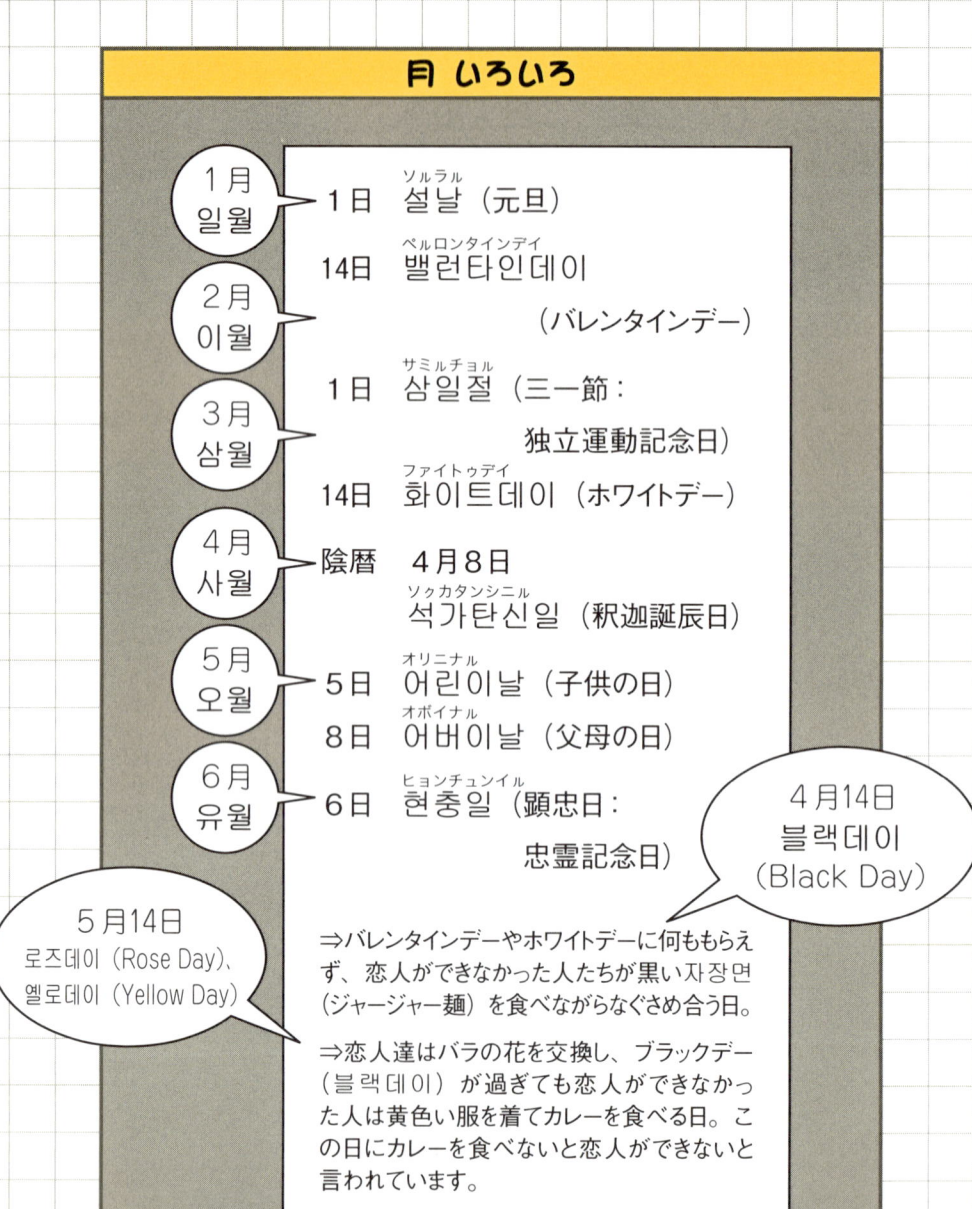

関連用語

月　いろいろ

1月　일월
1日　설날^{ソルラル}（元旦）

2月　이월
14日　밸런타인데이^{ベルロンタインデイ}
　　　　　　（バレンタインデー）

3月　삼월
1日　삼일절^{サミルチョル}（三一節：
　　　　　　独立運動記念日）
14日　화이트데이^{ファイトゥデイ}（ホワイトデー）

4月　사월
陰暦　4月8日
　　　석가탄신일^{ソクカタンシニル}（釈迦誕辰日）

5月　오월
5日　어린이날^{オリニナル}（子供の日）
8日　어버이날^{オボイナル}（父母の日）

6月　유월
6日　현충일^{ヒョンチュンイル}（顕忠日：
　　　　　　忠霊記念日）

（吹き出し）4月14日　블랙데이（Black Day）

（吹き出し）5月14日　로즈데이（Rose Day）、옐로데이（Yellow Day）

⇒バレンタインデーやホワイトデーに何ももらえず、恋人ができなかった人たちが黒い자장면（ジャージャー麺）を食べながらなぐさめ合う日。

⇒恋人達はバラの花を交換し、ブラックデー（블랙데이）が過ぎても恋人ができなかった人は黄色い服を着てカレーを食べる日。この日にカレーを食べないと恋人ができないと言われています。

第14章　誕生日

CD-92

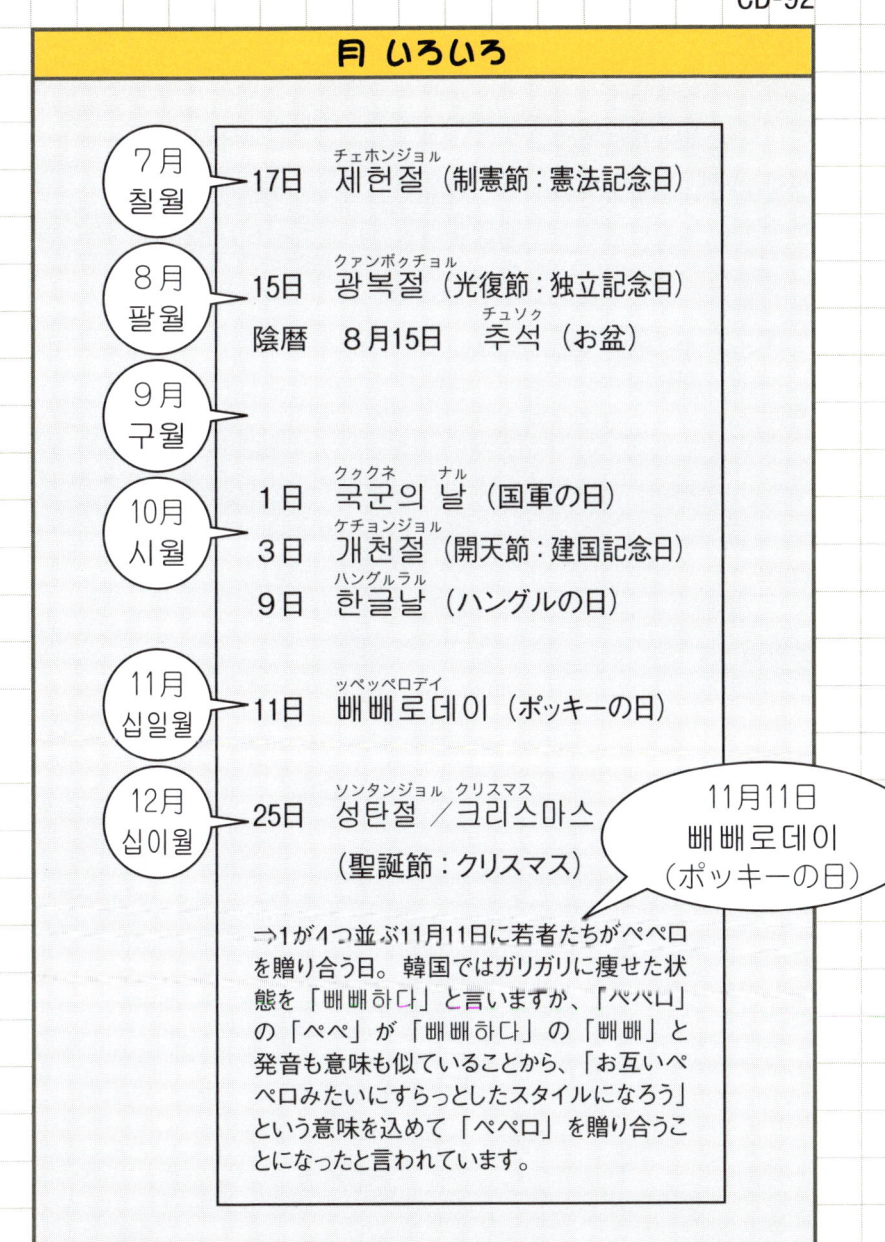

月 いろいろ

7月 칠월
17日　제헌절（チェホンジョル）（制憲節：憲法記念日）

8月 팔월
15日　광복절（クァンボクチョル）（光復節：独立記念日）
陰暦　8月15日　추석（チュソク）（お盆）

9月 구월

10月 시월
1日　국군의 날（ククグネ ナル）（国軍の日）
3日　개천절（ケチョンジョル）（開天節：建国記念日）
9日　한글날（ハングルラル）（ハングルの日）

11月 십일월
11日　빼빼로데이（ッペッペロデイ）（ポッキーの日）

12月 십이월
25日　성탄절／크리스마스（ソンタンジョル／クリスマス）
（聖誕節：クリスマス）

> 11月11日
> 빼빼로데이
> （ポッキーの日）

→1が4つ並ぶ11月11日に若者たちがペペロを贈り合う日。韓国ではガリガリに痩せた状態を「빼빼하다」と言いますが、「ペペロ」の「ペペ」が「빼빼하다」の「빼빼」と発音も意味も似ていることから、「お互いペペロみたいにすらっとしたスタイルになろう」という意味を込めて「ペペロ」を贈り合うことになったと言われています。

COLUMN

連想なぞなぞ

　ずる賢い動物といえば「キツネ」、情熱を表す色といえば「赤」というのは、韓国も日本と同じです。

　ところが、同じ単語であっても、日本人と韓国人とでは違うイメージを思い浮かべることもあります。たとえば、日本では「熊」に対して特別なイメージがありませんが、韓国では、「熊」は愚鈍な動物の象徴とされています。そこで、行動が遅い人や鈍い人をさして、「熊みたい」と言います。反対に、ずる賢くて計算高い女の人に対して「キツネみたい」と言うのです。

　それでは、次の単語の組み合わせから何が連想されますか？

《日本》

1. 麺＋黒色 …………………… イカ墨スパゲッティー
2. 韓国の食べ物＋辛い …………………… キムチ

3. ヘアスタイル＋ださい …………… 7：3分け
4. 誕生日＋食べもの …………… 赤飯 or ケーキ

5. 受験＋合格祈願の食べ物 …………… トンカツ

연상 수수께끼

흔히 교활한 동물은「여우」, 정열을 나타내는 색은「빨강」이라는 것은 한국도 일본과 마찬가지예요.

그런데 같은 단어라도 일본사람과 한국사람이 다른 이미지를 떠올리기도 한답니다. 예를 들면 일본에서는「곰」에 대한 특별한 이미지를 가지고 있지 않지만, 한국에서는「곰」은 미련한 동물을 상징해요. 그래서 행동이 느린 사람이나 둔한 사람을「곰같다」고 해요. 반대로 약삭빠르고 타산적인 여자는「여우같다」고 하지요.

그럼 다음 단어의 조합을 보면 뭐가 연상됩니까?

《韓国》

1. 면＋검은색…………… 자장면（ジャージャー麺）
2. 한국음식＋맵다… 낙지볶음（タコの辛みそ炒め）
    or 불닭（鶏肉の辛みそ炒め）
3. 헤어스타일＋촌스럽다…… 이대팔（２：８分け）
4. 생일＋음식…………… 미역국（わかめスープ）
    or 케이크（ケーキ）
5. 수험＋합격기원음식………………… 엿（飴）

☆韓国語について☆

1．文字（ハングル）

「ハングル」は1443年世宗大王によって作られました。「ハングル」とは「偉大なる（ハン）文字（グル）」という意味です。「ハングル」は、ひらがな、カタカナのように文字の名前なので、「ハングル語」とは言いません。

ハングル
한글

훈민정음　　　1443年

한국어　　　韓国語
コリア語　　　朝鮮語
ハングル語

2．語彙

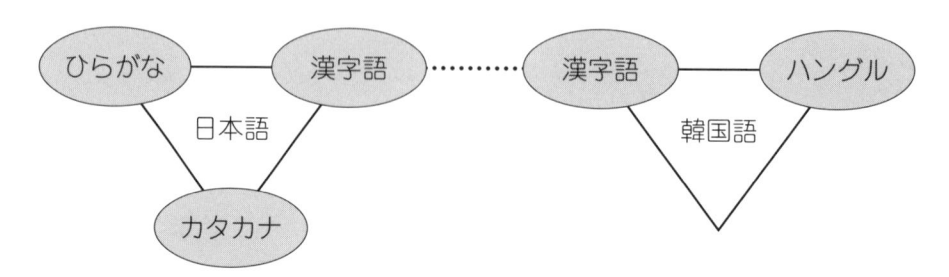

ひらがな ― 漢字語 ……… 漢字語 ― ハングル
　　日本語　　　　　　韓国語
　　カタカナ

　韓国語にも漢字語があります。そこで、温度（온도）、都市（도시）、市民（시민）、山（산）などのように、発音が日本語に似ているものも多いです。

3．日本語と韓国語

(1) 共通点

학생들(学生達)이	학교(学校)에서	한국어(韓国語)를	배워요
学生達が	学校で	韓国語を	習います

①語順が同じ：「～が～で～を…」
②助詞がある：「が、は、で、を、に、から…」
③漢字語がある：「学生、学校、韓国語…」

(2) 相違点

①韓国語は分かち書きをする！

　分かち書きを間違えると、次のように意味が変わってしまう場合もあります。

아버지가 방에 들어가신다		아버지 가방에 들어가신다
お父さんが部屋にお入りになる	VS	お父さん、カバンへお入りになる

②敬語の使い方が違う！

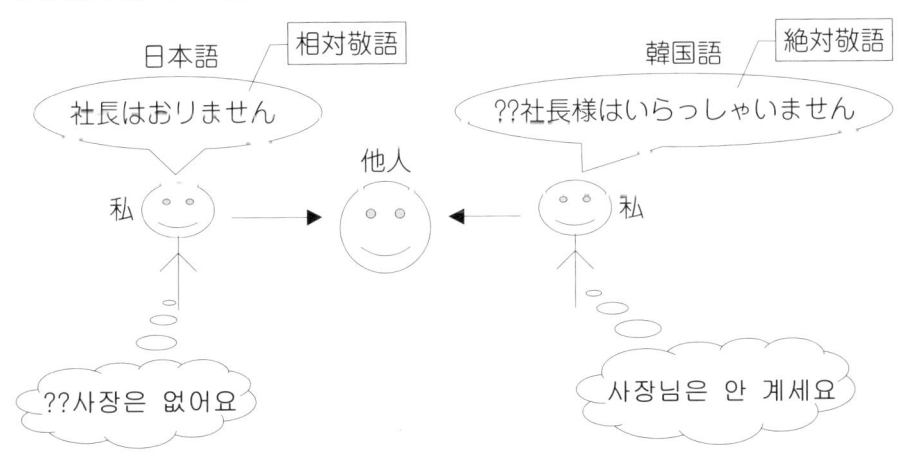

日本語　　相対敬語
社長はおりません
??社長様はいらっしゃいません
韓国語　　絶対敬語

私　→　他人　←　私

??사장은 없어요
사장님은 안 계세요

＊韓国では、身内の場合にも、目上の人には敬語を使います。

③文字の組み合わせが違う！

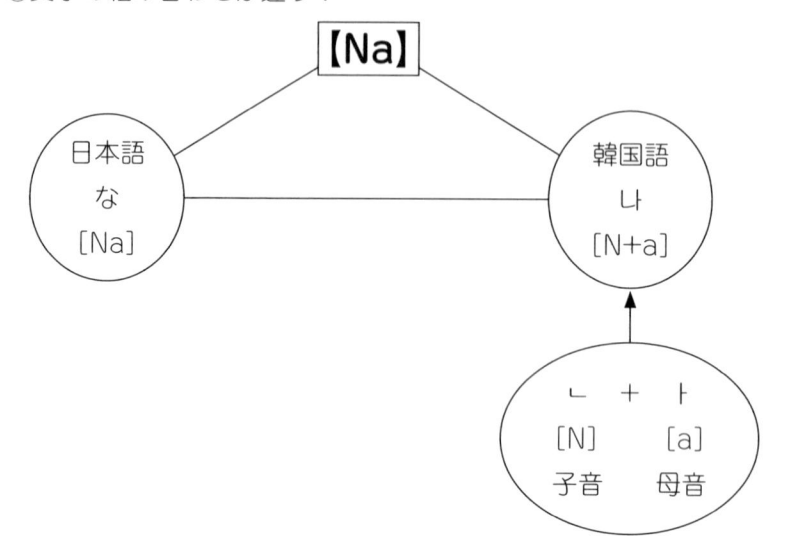

【Na】

日本語
な
[Na]

韓国語
나
[N+a]

ㄴ ＋ ㅏ
[N]　　[a]
子音　母音

＊韓国語は子音と母音の組み合わせで一文字を作ります。

④韓国語は一文字が一音節！

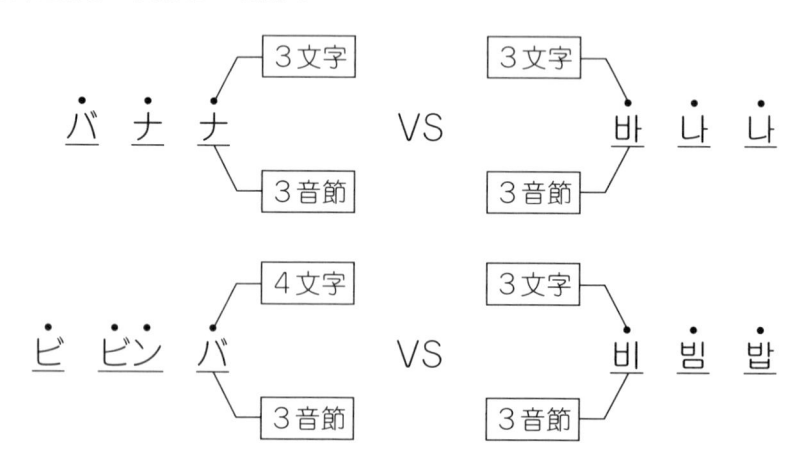

バナナ VS 바 나 나
3文字 / 3音節　　3文字 / 3音節

ビビンバ VS 비 빔 밥
4文字 / 3音節　　3文字 / 3音節

＊音節（下線部分）とは実際発音される単位のことです。日本語では、「ビビンバ」のように文字数と音節数が一致しない場合もありますが、韓国語の場合は、「パッチム」というものがあるので、文字数と音節数が一致します。

☆発音の基礎☆

ハングルは、母音字（単母音8個、二重母音13個）と子音字（平音9個、激音5個、濃音5個）で構成されています。これらをそれぞれ組み合わせて文字を作ります。

1．母音字

《単母音8個》

日本語	単母音	発音ルール
ア	① 아 [a]	[ア]
イ	② 이 [i]	唇を横に引いて [イ]
ウ	③ 우 [u]	唇を丸めて突き出して [ウ]
	④ 으 [ɯ]	唇を横に引いて [ウ]
エ	⑤ 애 [ɛ]	唇を横にひいて [エ]
	⑥ 에 [e]	[エ]
オ	⑦ 오 [o]	唇を丸めて [オ]
	⑧ 어 [ɔ]	口を大きく開けて [オ]

《二重母音13個》

日本語	二重母音	発音ルール
ヤ	① 야 [ja]	[ヤ]
ユ	② 유 [ju]	唇を丸めて突き出して [ユ]
ヨ	③ 요 [jo]	唇を丸めて [ヨ]
	④ 여 [jɔ]	口を大きくあけて [ヨ]
イェ	⑤ 얘 [jɛ]	唇を横にひいて [イェ]
	⑥ 예 [je]	[イェ]
ワ	⑦ 와 [wa]	[ワ]
ウォ	⑧ 워 [wɔ]	[ウォ]
ウェ	⑨ 웨 [we]	[ウェ]
	⑩ 왜 [wɛ]	[ウェ]
	⑪ 외 [we]	[ウェ]
ウィ	⑫ 위 [wi]	[ウィ]
	⑬ 의 [ɯi]	唇を横にひいて [ウィ]

2．子音字

子音	発音ルール	Point
① ㄱ [k, g]	か行の [k]、語頭以外では [g]	平音 息を普通に出して発音する。
② ㄴ [n]	な行の [n]	
③ ㄷ [t, d]	た行の [t]、語頭以外では [d]	
④ ㄹ [r, l]	ら行の [r]	
⑤ ㅁ [m]	ま行の [m]	
⑥ ㅂ [p, b]	ぱ行の [p]、語頭以外では [b]	
⑦ ㅅ [s]	さ行の [s]	
⑧ ㅇ [-, ŋ]	母音の前では無音。パッチムでは [ŋ]	
⑨ ㅈ [tʃ, dʒ]	ちゃ行の [tʃ]、語頭以外では [dʒ]	
⑩ ㅊ [tʃʰ]	息を吐きながら、ㅈ [tʃ]	激音 息を激しく吐き出して発音する。
⑪ ㅋ [kʰ]	息を吐きながら、ㄱ [k]	
⑫ ㅌ [tʰ]	息を吐きながら、ㄷ [t]	
⑬ ㅍ [pʰ]	息を吐きながら、ㅂ [p]	
⑭ ㅎ [h]	は行の [h]	
⑮ ㄲ [ʔk]	「まっか」の [っか]	濃音 息を出さない。喉を緊張させて発音する。
⑯ ㄸ [ʔt]	「あった」の [った]	
⑰ ㅃ [ʔp]	「かっぱ」の [っぱ]	
⑱ ㅆ [ʔs]	「きっさ」の [っさ]	
⑲ ㅉ [ʔtʃ]	「まっちゃ」の [っちゃ]	

3. パッチム

韓国語は、子音＋母音の組合せと子音＋母音＋子音の組合せがありますが、子音＋母音＋子音の組合せの場合の最後の子音をパッチム（終声）といいます。パッチムは、大きく次の三つの音に分けられます。

パッチム		発音		例
ㄱ	ㅋ ㄲ ㄺ ㄳ	ㄱ [k]	[っ]	각 ⇒「かっこ」の［かっ］
ㄷ	ㅌ ㅅ ㅆ ㅈ ㅊ ㅎ	ㄷ [t]		갇 ⇒「かった」の［かっ］
ㅂ	ㅍ ㅄ ㄿ	ㅂ [p]		갑 ⇒「カップ」の［カッ］
ㄹ	ㄼ ㄾ ㅀ	ㄹ [l]	[る]	알 ⇒「ある(aru)」の「al」 ＊「aru」の「u」は発音しない。
ㄴ	ㄵ ㄶ	ㄴ [n]	[ん]	간 ⇒「かんだ」の［かん］
ㅁ	ㄻ	ㅁ [m]		삼 ⇒「さんま」の［さん］
ㅇ		ㅇ [ŋ]		방 ⇒「かばん」の［ばん］

このように、日本語では区別しない音を韓国語では区別するので、それぞれの単語を発音する時には、下の位置や口の構えに気をつけながら、発音しましょう。

ところで、2つの子音でできているパッチムは、上の表のようにどちらか1つだけを読みます。基本的には2つの子音のうち、가나다順の早い方を発音します。たとえば、「닭（鶏）」は［닥］、「값（値段）」は［갑］と発音します。ただし、次のように、いくつかの例外もあります。

　　cf) 밟다［밥따］（踏む）、젊다［점따］（若い）、읊다［읍따］（詠む）

☆発音のコツ☆

韓国語では、平音、息を激しく出す激音、喉を緊張させる濃音を区別して発音するので、気をつけましょう。たとえば、「자다（寝る）」、「차다（冷たい）」、「짜다（塩辛い）」のように、発音を間違えると、まったく違う単語になってしまう場合もあります。

平音	激音	濃音
ㄱ [k/g]	ㅋ [kʰ]	ㄲ [ʔk]
ㄷ [t/d]	ㅌ [tʰ]	ㄸ [ʔta]
ㅂ [p/b]	ㅍ [pʰ]	ㅃ [ʔpa]
ㅅ [s]		ㅆ [ʔsa]
ㅈ [tʃ/dʒ]	ㅊ [tʃʰ]	ㅉ [ʔtʃ]

では、平音、激音、濃音の発音に気をつけながら、発音練習をしてみましょう。

① 가　カ／ガ　[ka/ga]　　② 다　タ／ダ　[ta/da]
　 카　カ　　　[kʰa]　　　　 타　タ　　　[tʰa]
　 까　ッカ　　[ʔka]　　　　 따　ッタ　　[ʔta]

③ 바　パ／バ　[pa/ba]　　④ 사　サ　　　[sa]
　 파　パ　　　[pʰa]
　 빠　ッパ　　[ʔpa]　　　　 싸　ッサ　　[ʔsa]

⑤ 자　チャ／ヂャ　[tʃa/dʒa]
　 차　チャ　　　　[tʃʰa]
　 짜　ッチャ　　　[ʔtʃa]

金珉秀（キム　ミンス）

韓国ソウル生まれ。
韓国　徳成女子大学　日語日文学科卒業。
筑波大学大学院博士課程　文芸・言語研究科修了。
言語学博士。専門は対照言語学、意味論。
現在、在日韓国大使館　韓国文化院　韓国語講師。
国士舘大学、筑波学院大学　韓国語講師。

間違いだっておもしろい！
わらってわらって韓国語　CD付

2007年11月1日　初版発行　　2010年7月10日　3刷発行

著者	金珉秀
発行所	株式会社　駿河台出版社
	101-0062　東京都千代田区神田駿河台3-7
	TEL 03(3291)1676(代)　FAX 03(3291)1675
	http://www.e-surugadai.com
発行者	井田洋二
表紙・本文デザイン	ヨム　ソネ
イラスト	ヨム　ソネ
組版	(株)フォレスト
印刷・製本	三友印刷(株)
校正	木下正之